Médiumnitarium

Éditions Eyrolles
61, bd Saint-Germain
75240 Paris Cedex 05

www.editions-eyrolles.com

Mise en pages : PCA
Relecture : Caroline Puleo

Crédits iconographiques : œil Shutterstock/Gorbash Varvara ; page 191
Shutterstock/dityazemli

Depuis 1925, les éditions Eyrolles s'engagent en proposant des livres pour comprendre le monde, transmettre les savoirs et cultiver ses passions ! Pour continuer à accompagner toutes les générations à venir, nous travaillons de manière responsable, dans le respect de l'environnement. Nos imprimeurs sont ainsi choisis avec la plus grande attention, afin que nos ouvrages soient imprimés sur du papier issu de forêts gérées durablement. Nous veillons également à limiter le transport en privilégiant des imprimeurs locaux. Ainsi, 89 % de nos impressions se font en Europe, dont plus de la moitié en France.

ISBN : 978-2-416-00882-5

Sonia Jean

Médiumnitarium

Développez pas à pas vos capacités médiumniques

Éditions
EYROLLES

Sommaire

Avant-propos

Écrire un livre sur la médiumnité est une envie et un appel du cœur depuis des années. J'ai longtemps hésité car nous pouvons trouver de multiples ouvrages sur ce sujet et peut-être faut-il avouer que je n'osais pas passer ce cap. Je ne suis pas allée vers l'écriture d'un livre sur la médiumnité, c'est l'écriture d'un livre sur la médiumnité qui est venue à moi.

Cette idée ne s'est pas présentée toute seule, mais avec la merveilleuse Joanne des Éditions Eyrolles. Elle m'a fait cette proposition d'écrire un ouvrage sur la médiumnité, ce que j'ai accepté tout de suite dans mon cœur et sur le papier quelques jours plus tard. J'en profite pour la remercier de sa confiance et de m'avoir permis cet ouvrage.

En effet, je suis médium et la médiumnité ne fait pas partie de ma vie, c'est ma vie. J'ai choisi d'en faire un métier afin d'œuvrer dans ma mission d'aider les âmes à s'accomplir et de prendre très « à âme » mon rôle de messager. Malgré les critiques ou les divergences sur la médiumnité, j'assume pleinement ce que je suis.

Ce ne fut pas toujours le cas. J'ai longtemps caché cette capacité lorsque j'animais des ateliers et des stages de développement personnel et spirituel ou lors de mes consultations de soins en qualité de thérapeute énergéticienne. Le regard des autres, la peur du jugement, mon manque de légitimité ont été causes de ce voile sur cette partie de moi.

Je fais le constat que c'est un phénomène qui est très présent lors de mes accompagnements. Je rencontre de belles âmes investies de capacités médiumniques extraordinaires mais qui ne se montrent pas, n'expérimentent pas ou n'exercent pas par peur du jugement des autres ou de ne pas être à la hauteur. Elles ne voient pas ou ne savent pas voir leur lumière et cet être multipotentiel et multidimensionnel qu'elles sont. Je parle ou plutôt j'écris pour vous aussi. Oui, vous qui me lisez aujourd'hui. Croyez-vous que ce soit un hasard si vous avez ce livre entre vos mains ? Il n'y a pas de hasard, il n'y a que des rendez-vous. Ce constat de déni des capacités extrasensorielles est l'une des raisons qui m'ont poussée à créer des stages de médiumnité et le programme en ligne de développement médiumnique.

Cela dit, pendant des années, j'ai œuvré en qualité de formatrice et guide spirituelle au sein d'Anahata, une association de bien-être sans révéler ma médiumnité (qui était pourtant affirmée) et en qualité de thérapeute dans un cabinet. J'ai fui ce que j'étais, l'Univers m'a rattrapée et mise face à mon chemin. Cela se manifestait subtilement par des remarques des participants aux ateliers ou stages et de mes consultants. Ils me demandaient souvent si je n'étais pas médium.

Au-delà de leur excellente intuition, ma capacité à donner des informations de vie lors de nos rencontres et échanges (informations que je ne pouvais pas avoir en ma possession) leur a mis la puce à l'oreille et à leur sixième sens.

Petit à petit, j'ai accepté cette part de moi-même, j'ai commencé à proposer des prestations liées à la médiumnité afin de laisser ce potentiel et mes capacités extrasensorielles s'exprimer, révéler enfin qui j'étais et rayonner de ma lumière. Dès lors, une question récurrente de la part des consultants ou participants qui souhaitaient à leur tour développer ces facultés est apparue : « Pourquoi ne fais-tu pas des stages de médiumnité ? »

Ce n'était pas d'actualité. Il me fallait du temps ! Cette fois-ci, ce ne sont pas les belles âmes que j'accompagne et soigne qui m'ont convaincue de créer un stage de médiumnité et ensuite un programme de développement en ligne mais mes guides. Malgré ma peur et mes doutes, les messages étaient clairs. J'ai résisté quelques mois, voire une année, et je me suis décidée à passer à l'action. Quelle merveilleuse décision ai-je prise, car ces stages furent et sont extraordinaires. Être témoin de ces révélations de potentiels et de l'éveil d'êtres dans leur plein pouvoir médiumnique est un cadeau.

En effet, de nombreuses personnes ignorent leurs capacités ou manquent de confiance en elles. C'est un vrai bonheur de voir ces âmes s'éveiller et prendre de l'assurance. Et ce qui était au départ une création à la suite d'une demande est devenu un vrai support de développement médiumnique et de confiance en soi et en ses ressentis.

Seulement, la vie nous met à l'épreuve. L'arrivée de la Covid m'a contrainte à stopper les stages en présence. Ce fut très difficile pour l'association de devoir fermer ses portes et de ne plus partager à travers des ateliers et des stages. Face à ces contraintes, j'ai demandé à mes guides des conseils ou des directions afin de continuer ma mission.

La réponse fut limpide : à distance. Le choc ! C'était une approche totalement nouvelle pour moi, même si je crois profondément aux soins et au développement à distance. Tout est énergie et connecté. Mais je ne m'y étais jamais confrontée. J'ai commencé à proposer mes soins à distance et en sous-main, et je préparais un programme en ligne pour développer sa médiumnité. Je l'ai créé en me fondant sur la trame de mon stage et les retours des participants afin d'offrir un programme de qualité et surtout qui soit d'une aide précieuse pour toutes ces personnes qui ont décidé de me faire confiance.

Quelques mois de gestation plus tard, est né Médiumnitarium, un programme en ligne de développement des capacités médiumniques. L'objectif est identique au stage de médiumnité : permettre aux belles âmes de se révéler dans leur médiumnité et prendre confiance en elles. Trop de potentiels restent cachés par peur ou ignorance de ce qu'ils sont et ce qu'ils sont capables d'accomplir.

Vous pouvez imaginer ma joie et ma gratitude quand cette proposition d'écrire un livre sur la médiumnité en se référant au programme Médiumnitarium est venue à moi. Un cadeau du divin.

À travers les supports numériques et matériels pour le bonheur du plus grand nombre, ce programme élargit le champ de transformation des âmes qui s'y aventureront. Au fil de ces pages, je souhaite vous offrir la possibilité de découvrir que vous avez des capacités médiumniques, de développer votre potentiel endormi et de prendre confiance en vous. Ce livre est un guide, un manuel qui vous accompagne tout au long de votre cheminement de développement personnel et spirituel.

Avant de commencer ce programme de développement médiumnique, j'aimerais apporter quelques précisions ou plutôt casser certaines croyances. Avant d'approfondir ce propos, je précise que toutes les informations ou approches qui sont exposées ici et tout au long de cet ouvrage sont ma vérité. Il est possible que certains ou certaines ne soient pas en accord avec mes affirmations, et cela est juste. Nous avons tous notre propre vérité selon nos expériences, notre vécu, notre éducation et tout simplement ce qui résonne en nous. La mienne tient de mes expériences terrestres et célestes, de mes communications avec mes guides et de leurs enseignements. Mais aussi de mes ateliers, stages et formations qui sont un puits de connaissance, de lectures et de beaucoup d'humilité.

Une croyance affirme que la médiumnité est un don, qui serait ainsi réservé à une élite. J'ai même entendu dire que cela était un héritage familial. Selon moi, nous sommes TOUS médiums, car tous connectés au tout, nous sommes UN. Nous sommes tous issus de la source, tous unis et uniques. Je compare souvent les êtres à l'herbe. Tous les brins d'herbe viennent et poussent de la même terre, pourtant, il n'y en a pas deux identiques. Pour les humains, c'est pareil. Ne laissez jamais une personne vous dire que vous n'avez pas de capacités ! Elle se parle à elle-même à travers ses filtres mentaux. Vous êtes un être extraordinaire, multidimensionnel, au potentiel exceptionnel, une création divine de pouvoir, de puissance et de créativité.

Cette petite parenthèse pour vous dire d'avoir confiance en vous et d'aborder ce programme dans la foi et l'amour. Prenez le temps et amusez-vous ! Ce n'est pas une compétition, il n'y a pas d'objectifs à atteindre, c'est un jeu entre vous et vous. Soyez bienveillant et patient avec vous-même et ne vous jugez pas. Ce manuel, au-delà de vous permettre de révéler votre médiumnité et quel médium vous êtes, vous apprend à vous aimer.

Conseil : faites l'acquisition d'un cahier, d'un carnet ou d'une création personnelle qui sera votre tableau de bord pendant ce chemin de développement de vos capacités médiumniques. Notez vos ressentis et vos réponses tout au long de la lecture de ce guide et des pratiques proposées. D'une part, cela permet d'ancrer votre évolution dans la matière et, d'autre part, de constater cette évolution et de faire les liens. Vous pouvez aussi dessiner ce que vous voyez ou coller des images. Appropriez-vous ce cahier qui sera l'expression matérielle de ce que vous vivez et expérimentez dans le subtil.

Chapitre 1

Le médium et la médiumnité : définitions

« On ne saurait donc nier l'existence des esprits sans nier celle des âmes. »

Allan Kardec

Le médium

Il semble important de définir l'essence et le sens du mot « médium » lorsqu'on aborde les capacités extrasensorielles et médiumniques. Ce sera le sujet de ce premier chapitre. Aujourd'hui, le médium est abordé dans un sens plus large que celui qui fut établi à partir du XIXe siècle, à l'ère d'une certaine vérité face à des phénomènes inexpliqués jusque-là rejetés. Il aura fallu du temps pour que la médiumnité soit regardée avec plus de crédibilité et d'intérêt. Le terme de « médiumnité » n'était d'ailleurs pas utilisé, on a longtemps parlé de « spiritisme » ou d'« occultisme ».

Le spiritisme, du latin *spiritus* qui signifie « esprit » (dans la langue anglo-saxonne *spirit* se traduit aussi par « esprit »), est la science (non reconnue) de communiquer avec les esprits, avec le monde invisible. L'occultisme est un ensemble de techniques permettant cette communication (réception et émission) comme les cartes, le pendule, l'astrologie, la magie, l'alchimie ou la numérologie. Il s'agit donc d'un autre moyen que nos cinq sens et d'une manière naturelle de recevoir des messages divinatoires, ce que nous pouvons nommer le « surnaturel ». Occultisme signifie « secret » ou « caché », ce qui suppose de le faire dans le secret, dans l'invisible. En effet, lorsque nous utilisons par exemple un pendule, le mouvement de l'outil divinatoire est visible, mais il réagit à quelque chose qui est invisible à l'œil nu.

Le mot « médium » n'apparaît qu'au XIXe siècle en France. Avant, on employait d'autres termes pour qualifier le médium tels que « devin » ou « voyant », ce qui a contribué à entretenir la confusion entre le métier de voyant et celui de médium. Le médium est donc un outil de communication, il est un oracle, c'est-à-dire un support qui permet de recevoir et d'émettre des messages avec le monde invisible.

En latin, le mot *medium* signifie « milieu ». Dans une approche générale, le médium est au milieu des mondes. C'est le lien entre le monde des vivants et le monde des morts. Et dans une définition plus affinée, le médium est une personne qui sait et peut utiliser, exploiter son subconscient (ou son sixième sens, c'est-à-dire ses capacités extrasensorielles) pour obtenir, entendre, voir, sentir des signes, messages, images ou sons du monde invisible. **Le médium est sensible à des phénomènes provenant d'esprits ou d'entités** imperceptibles par les cinq sens.

Encore faut-il déterminer ce que sont les esprits et entités. Les esprits sont les âmes défuntes, mais aussi incarnées, ainsi que les esprits de la nature (fées, nains, dragons, âmes végétales ou minérales). Malgré ce que nous pourrions penser, le médium n'entre pas en contact avec les esprits, même si cela se pratique à travers différentes techniques comme « la table tournante » pour les âmes défuntes (que je déconseille fortement si vous ne maîtrisez pas le sujet), il n'a pas d'influence, ni de pouvoir sur les esprits avec lesquels il communique. Ce sont les esprits ou entités qui utilisent le médium comme canal pour entrer en communication avec le monde des vivants (ou monde intermédiaire).

En revanche, il peut forcer une communication lorsque la cause est noble et nécessaire, par exemple pour le bien-être de l'âme défunte (ou désincarnée) ou de la famille encore présente sur Terre. Il est aussi possible de communiquer avec des esprits de la nature dans un but d'aide, de soin ou de protection de notre Terre mère.

Le médium se définit à travers ses différentes capacités extrasensorielles. Il existe ainsi différents types de médium selon la forme par laquelle il perçoit les esprits. Lorsque sa capacité est de communiquer avec les esprits, précisément les âmes défuntes, il se nomme le médium *spirit*. C'est la fonction pure et première du médium. Par contre, la communication avec d'autres plans ou entités n'est pas de la médiumnité *spirit*. Cela peut être de la voyance ou de la canalisation (ce que certains nomment le *channeling*, du mot *channel* en anglais qui signifie « canal ») ou de la télépathie. Cela n'en demeure pas moins des capacités extrasensorielles.

Il est important de rétablir ici deux certitudes.

La première certitude est que **nous sommes tous médiums car tous connectés, mais nous ne possédons pas tous ces capacités à développer dans cette vie-là et nous n'avons pas tous les mêmes capacités.**

Notre âme choisit son bagage selon le terme du contrat qu'elle a conclu pour cette réincarnation et avant chaque réincarnation. Lorsque notre âme décide de poursuivre son cycle d'incarnation et de réincarnation, elle va décider du bagage dont elle a besoin pour la vie à venir : celui-ci se compose des mémoires karmiques qui n'ont pas été transmutées et de ce qu'elle souhaite expérimenter. Selon ses besoins, elle va intégrer dans cette nouvelle expérience humaine sa capacité de médiumnité et la forme de médiumnité qui lui sera utile pour s'élever sur son chemin.

La médiumnité est devenue aujourd'hui un grand phénomène de mode et serait la porte ouverte à des pouvoirs supranaturels qui font de nous des êtres exceptionnels et uniques : STOP. Non, la médiumnité n'est ni un pouvoir, ni un avantage attribué à une élite, ni un don. Elle est dans notre nature profonde. Nous avons chacun une médiumnité différente. Certains ne sont que clair-ressenti ou que clairaudience. Ce n'est pas parce que nous ne pouvons pas voir ou sentir que nous n'avons pas de capacités. Ce n'est pas non plus parce que notre collègue reçoit les messages d'une manière différente de la nôtre que nous avons tort ou raison : nous sommes tous les deux dans le juste car chacun détient sa propre communication. Ne nous comparons pas.

La seconde certitude est que **nous ne devenons pas médiums, nous sommes médiums dès notre conception.** Mais la médiumnité se révèle parfois très tard selon notre chemin et surtout lorsque nous sommes prêts à recevoir cette capacité et à jouer notre rôle de médium.

Cette révélation se fait à un moment précis de nos vies : un accident, un burn-out, le décès d'un proche, une maladie initiatique, la nuit noire de l'âme. Quel que soit notre âge, l'émergence de nos capacités n'est pas une nouveauté ; elles sont là depuis le commencement mais le chemin nous conduit à les garder silencieuses car nous n'étions pas prêts. Cette émergence peut être fulgurante et envahissante. Il est alors conseillé de nous faire accompagner par un médium expérimenté afin de nous guider sur ce chemin et ne pas devenir l'otage des esprits qui, sentant notre canal ouvert, peuvent se montrer oppressants jour et nuit. De plus, le manque de maîtrise et de compréhension conduit à la peur. Cette peur devient une faille dans notre champ énergétique qui attire les entités négatives.

La question qui revient fréquemment, dans les stages de médiumnité ou autres programmes que j'anime, est : « Ai-je des capacités médiumniques ou extrasensorielles ? » Il existe des signes qui nous permettent de répondre à cette question, et donc de déceler cette médiumnité.

Les signes de la médiumnité

Avant de réaliser votre analyse, il est important de prendre conscience que ce ne sont que des indicateurs afin de mettre en lumière vos capacités endormies. Si vous ne cochez pas toutes les cases, ce n'est pas grave, et cela ne signifie pas que vous n'avez pas de capacités médiumniques. Chaque être est différent et porte en lui sa propre médiumnité.

Accueillez cette partie comme un jeu et amusez-vous.

L'hypersensibilité

Le médium est un hypersensible, que ce soit pour lui-même, mais aussi pour les autres.

Qu'est-ce que l'hypersensibilité ? Il ne s'agit pas d'une maladie, c'est un état d'être. L'hypersensible ressent ses propres émotions, celles des autres et les énergies à un degré d'intensité beaucoup plus puissant que la majorité des humains. Ces émotions sont décuplées, ce qui peut conduire à une mauvaise gestion de celles-ci. Il capte (et surtout subit) tous les changements énergétiques des personnes et des lieux, ce qui fait de lui un être très intuitif. Il est empathique, peut ressentir toutes les émotions de son entourage avec l'inconvénient de les garder et de parfois devenir l'otage des malheurs des autres. Il a tendance à vivre dans un état de flottement, d'être souvent dans la lune et semble déconnecté de la réalité. Si l'impact énergétique et émotionnel de l'entourage (famille, ami ou environnement) représente une violence trop importante, il est contraint de s'exclure de ce contexte. Les changements d'état émotionnel de l'hypersensible ne concernent pas que son environnement. En effet, cela est souvent la conséquence d'une traversée d'entité.

Il est facile de faire le lien entre l'hypersensibilité et les capacités extrasensorielles qui sont l'extension de nos sens et qui se manifestent à travers nos corps énergétiques. Tous les hypersensibles ne sont pas des médiums mais il y a une forte probabilité.

L'ésotérisme

Qu'est-ce que l'ésotérisme ? Nous avons évoqué plus haut ce terme à travers la définition du médium. L'ésotérisme est un ensemble de connaissances secrètes (dans le sens « divinatoires ») réservé à des initiés. L'ésotérisme regroupe les outils du monde divinatoire, c'est-à-dire la prédiction, des révélations secrètes et de la magie : les oracles, la cartomancie, la tarologie, les runes, le pendule, l'astrologie, la numérologie, le quantique, la chiromancie et la voyance, autrement dit la pratique des sciences occultes. Cela englobe aussi la manifestation des plans subtils : les dieux, déesses, anges et archanges.

Le médium est attiré par le monde ésotérique et son développement. Il « canalise » avec le plan céleste et est très sensible aux outils divinatoires et très réceptif à leur utilisation.

L'ami imaginaire

Nous parlons de l'ami imaginaire lorsque nous étions enfants. Sans avoir l'intention de vous effrayer avec cette révélation, mais dans la grande majorité des situations, l'ami imaginaire est une entité. Une entité avec laquelle l'enfant communique. La faculté de communication est entière chez les enfants jusqu'à l'âge de 7 à 9 ans. Cela concerne tous les enfants.

Pourquoi ? Dès notre naissance et jusqu'à cet âge de 7-9 ans, nous vibrons avec notre chakra du cœur, notre corps astral. Cette vibration du cœur est la vibration alpha, et elle nous connecte à nos capacités de conscience. Lorsque nous grandissons, l'ego s'installe, et l'adulte que nous devenons vibre avec son chakra plexus, le corps mental. Cette vibration nous relie à nos émotions (et à son identification) et nous coupe de nos capacités et de notre cœur.

La présence de cet ami imaginaire exprime clairement cette capacité de communiquer avec les esprits. Si ce fut votre cas, revenez à ce souvenir et identifiez sous quelle forme cette communication était établie : audition, vision ou ressenti ? Cela vous aidera à déterminer sous quelle expression se manifeste votre médiumnité.

Toutefois, il faut préciser que cet ami imaginaire peut être une entité négative. À cet égard, restez prudent si votre enfant vous parle d'un ami imaginaire (sans lui faire peur) et prenez le temps de savoir quelle entité se cache derrière cet ami.

Les rêves prémonitoires

Les rêves prémonitoires sont significatifs de communication subtile entre notre âme et les plans divins. Le rêve prémonitoire n'est pas le rêve divinatoire. La différence est importante car il s'agit de la distinction entre la médiumnité et la canalisation.

Le rêve prémonitoire est une vision d'un futur, c'est-à-dire un message en lien avec une situation ou un événement qui va se réaliser dans un futur plus ou moins proche. Il est nécessaire de faire confirmer les informations que l'on a obtenues lors de ses rêves, afin de témoigner de la véracité de ses visions et de faire la distinction entre rêve prémonitoire et rêve divinatoire.

Le rêve divinatoire est un message pour agir, guérir ou alerter d'un danger mais il prendra souvent la forme d'une parabole ou d'une métaphore. Celui-ci peut être plus difficile à comprendre. Il n'est pas la représentation d'un futur.

Les rêves peuvent se manifester sous forme de « clairvision », ce sont des images, mais aussi en « clairaudience », avec des sons. Soyez vigilant sur vos rêves, et observez s'ils sont avérés.

La difficulté qui peut se présenter est l'oubli du rêve. Bien souvent, dans les premières minutes du réveil, on oublie ce que l'on a vécu, vu ou entendu lors de son rêve. Je vous propose page 150, une technique afin d'apprendre à vous souvenir de vos rêves.

L'intuition

Le sujet de l'intuition sera plus amplement développé dans le chapitre 3 de cet ouvrage. Pour autant, même si l'intuition n'est pas une capacité médiumnique en tant que telle, elle contribue fortement à sa manifestation. Ce signe est appelé aussi « la sensation ». C'est la capacité et la facilité à ressentir les situations et les personnes. On reçoit à travers ses émotions des indications positives ou négatives sur l'entourage proche ou inconnu et le déroulement (futur) des situations.

Cela se différencie de l'hypersensibilité car dans le cas de la sensation, la manifestation de l'indication à travers son corps émotionnel est fluide et comprise. Ainsi, on réceptionne l'information mais, contrairement à une personne hypersensible, on ne se laisse pas impacter par l'environnement.

La dyslexie

La dyslexie est un trouble de l'apprentissage neurologique, c'est-à-dire qu'il est lié au cerveau et à son fonctionnement. Cela n'est pas un trouble de l'intelligence. D'ailleurs, de nombreux hauts potentiels sont dyslexiques. En effet, le mental et la réflexion relèvent de la capacité de concentration des deux cerveaux. Dans le cas de la dyslexie, cette concentration ne se fait pas, et crée des dysfonctionnements comme l'inversion des lettres, des sons ou des syllabes.

La dyslexie est un désaccord cérébral entre les deux hémisphères du cerveau. L'hémisphère gauche ne synchronise pas et ne s'harmonise pas avec l'hémisphère droit car il vibre à une fréquence trop élevée. Cela coupe le lien du langage de l'enfant, et sature sa mémoire. La taille de l'hémisphère gauche sera même plus grande que celle du droit, créant une répartition inégale.

Quel est le lien avec la médiumnité ? Le canal médiumnique est lié au troisième œil, le chakra Ajna. Ce chakra dirige l'hémisphère gauche du cerveau. En effet, les capacités médiumniques se manifestent physiquement par l'hémisphère gauche du cerveau. La dyslexie est le résultat d'une activité vibratoire de l'hémisphère gauche plus intense, qui conduit cette partie du cerveau à dominer l'autre hémisphère.

La communication et la perception se trouvent dans le latéral gauche, alors que les émotions et les décisions sont dans le latéral droit. Cette asymétrie cérébrale donne une fréquence plus importante à la communication et la perception.

Le sauveur

Prenons le temps de préciser quelle est la nature du sauveur dont il est question en tant que signe des capacités médiumniques.

Nous ne parlons pas du sauveur qui veut toujours s'occuper des autres personnes avant lui-même, avec un besoin d'aider qui peut aller jusqu'à se sacrifier et à se renier. Cette nature est fortement liée à la blessure d'abandon car elle exprime une dépendance affective.

Le sauveur qui nous intéresse ici est celui qui se sent investi d'un appel à participer à la collectivité, à aider là où le besoin existe, tout en écoutant ses propres besoins. Cela peut être par une activité de bien-être, en tant que membre bénévole d'une association caritative ou en œuvrant pour la cause animale. Il y a une vraie volonté de participer à l'équilibre et au respect de la Terre et de tous ses êtres.

Le sauveur pense à la condition du monde et à son élévation afin de penser à son intérêt personnel.

Les rencontres

La vie nous amène des rencontres spécifiques, celles dont nous avons besoin pour notre évolution. Des personnes qui nous apportent de l'expérience à travers du partage. Chaque rencontre n'est pas un hasard, tout a été programmé à l'avance et tout est juste.

Le médium qui s'ignore trouvera ainsi sur son chemin des médiums. Évidemment, ces rencontres ne doivent pas être provoquées. C'est-à-dire que si on choisit d'aller à une conférence sur la communication avec les défunts et que lors de cette conférence on fait la rencontre de médiums, cela est dans la logique des choses puisque l'on est dans un lieu où la médiumnité est le sujet.

Mais si on n'a nullement l'intention de participer à cette conférence, que l'on a choisi d'accompagner un ou une amie qui vient de vivre le décès d'un proche sans avoir vraiment connaissance de la nature de la conférence et que l'on rencontre un médium, le signe est avéré.

La difficulté qui peut se présenter demeure dans le fait que parler de médiumnité est toujours délicat (malgré la démocratisation du médium de nos jours) et peut attirer des opinions tranchées et peu ouvertes à la discussion et à l'échange. De ce fait, les personnes n'ont pas facilement tendance à affirmer qu'elles sont médiums ou voyantes, sauf si elles ont décidé d'en faire leur métier.

Ainsi, on peut rencontrer des personnes connectées à la médiumnité ou à la voyance sans le savoir. Il est conseillé de faire attention à ses rencontres et d'écouter son ressenti. Il est pertinent aussi d'accepter certaines opportunités de rencontre qui peuvent nous être proposées dans la vie courante, même si sur le moment, cela ne résonne pas en nous. Il n'y a pas de hasard, il n'y a que des rendez-vous.

La réponse

La réponse est un signe particulier de la médiumnité. C'est une capacité télépathe et non médiumnique mais elle ouvre le champ de la médiumnité, elle exprime une facilité à réceptionner des messages et à les comprendre.

Qu'est-ce que la réponse? Il s'agit de la réception d'un message, d'une information, quel que soit le mode de communication (discussion avec une personne, à travers un livre, une vidéo...) qui sera une réponse à une question qui nous sera posée plus tard. Cela signifie que ce message ne nous concerne pas directement, il nous sera donné comme un relais pour une autre personne qui, elle, en aura besoin.

Nous sommes le médiateur entre le message et la personne qui doit le recevoir. On peut constater que le message n'est pas réceptionné à travers une méditation, une canalisation ou une voie médiumnique mais de façon matérielle.

La difficulté à déceler « la réponse » demeure dans le fait que nous n'avons pas toujours conscience que le message qui nous est laissé doit être transmis à autrui. Toutefois, en sachant écouter notre ressenti et notre intuition, nous pouvons percevoir l'importance de l'information.

Pour plus de compréhension, voici un exemple :

> *Je vais au marché, et je rencontre un ami. Heureux de nous retrouver, nous prenons le temps de boire un café en terrasse en cette saison de printemps.*
>
> *Lors de notre échange, il me raconte qu'il a fait la connaissance d'un géobiologue extra, dont il a eu besoin pour faire nettoyer son terrain des énergies négatives et des impacts énergétiques d'un courant d'eau qui passait sous sa maison. Il était content car rares sont les géobiologues qui sont compétents en cette matière spécifique (je rappelle que c'est un exemple). Seulement, moi, je vis en appartement et n'ai pas de jardin. Cette information ne me concerne pas*

mais je l'écoute et par politesse je prends la carte du géobiologue qu'il me tend accompagnée d'un « c'est au cas où ».

La discussion se termine et chacun retourne chez soi. Quelques jours plus tard, lors d'un rendez-vous, une consultante me confie qu'elle cherche une personne pour l'aider à détecter un puits qui serait présent sur son terrain afin de le déterrer. J'ai la réponse par le biais de mon voisin. Je vais donc lui donner le nom du géobiologue fourni par celui-ci lors de notre discussion.

J'ai reçu la réponse par un intermédiaire. Ma consultante et mon voisin ne se connaissent pas, c'est alors moi qui fais le lien de la transmission du message entre les deux.

Rappelons que médium vient du latin signifiant « milieu », et c'est exactement cette place qui est occupée ici.

La réponse consiste donc à recevoir un message avant que la question ne soit posée, et avant de savoir à qui le transmettre. Nous sommes messagers au service du divin. Évidemment, et normalement, nous comprenons que c'est la réponse au moment où l'on nous pose la question.

L'ancrage

Par ses facultés à communiquer avec les plans célestes, le médium n'est pas ancré, dans le sens où il n'est pas très porté sur la matière, le corps, la matérialité. En effet, il est plus sensiblement connecté à ses chakras supérieurs, il aime se perdre dans l'espace divin où tout est léger et lumineux. Cela peut devenir très vite un refuge mais attention, cela peut représenter aussi un piège.

Quand je dis « n'est pas très porté sur la matérialité », je ne parle pas des objets et du mobilier. Contrairement à ce que certains pourraient croire, dépenser de l'argent pour acheter des choses n'a pas de lien avec l'ancrage, ce n'est pas être ancré, mais justement le contraire : ne pas prendre conscience de la réalité, et être dans une illusion de confort et de plaisir par le fait d'acheter et de posséder. La matière, c'est la prise de conscience du monde dans lequel nous vivons, de son fonctionnement et d'y être pleinement acteur. Je le dis et le redis : le chemin n'est pas là-haut mais sur Terre, en étant centré sur notre cœur. L'âme choisit de s'incarner pour expérimenter, cela exprime très clairement sa volonté d'agir sur Terre.

Le manque d'ancrage s'exprime aussi par une déconnexion avec la nature et les animaux.

Ce n'est pas la médiumnité en soi qui crée le manque d'ancrage, c'est un choix délibéré de l'âme lors de son contrat dans ce qu'elle souhaite expérimenter. Médiumnité et ancrage sont compatibles et sont essentiels. Si nous faisons des travaux médiumniques sans ancrage, nous partons dans des sphères vibratoires et subtiles erronées, voire dans les méandres de l'espace et nos messages ne sont pas justes. Tout part de la Terre, c'est sur la fréquence vibratoire de la Terre mère que nous nous alignons.

Nous aborderons plus amplement l'ancrage dans le chapitre 5.

La violence

Le médium fonctionne avec ses émotions et sa sensibilité, ce qui le rend fragile à toute forme de violence. Il ne supporte pas la violence, qui lui fait peur, comme les scènes de dispute ou les gestes agressifs.

Il peut être submergé par des émotions de tristesse, de colère ou de rejet, pleurer face à des textes ou des images. Certes, il n'y a pas que les médiums qui ne supportent pas la violence, car de manière générale qui n'est pas choqué ou touché par ce type d'images. Toutefois, pour le médium (ou l'hypersensible), cela se manifeste à un degré supérieur, d'une grande intensité, il peut ressentir la souffrance de ce qu'il voit ou lit, ce qui provoque en lui un vent émotionnel incontrôlable.

Nous pouvons nous poser la question de savoir pourquoi le médium réagit avec ce degré de sensibilité. Il capte les énergies du plan intermédiaire et est perméable aux émotions, au changement vibratoire, et donc son ressenti est amplifié.

La mort

Dans notre société actuelle, le sujet de la mort est difficilement abordable sauf sous l'angle de la transformation. Pour le médium, la mort est bien la mort physique et non celle symbolique d'un cycle ou d'une situation qui se termine.

Comme précisé plus haut dans la définition du médium, celui-ci est un communicant avec les âmes défuntes, c'est-à-dire les âmes qui ont été désincarnées à la suite de la mort du corps physique. Il est ainsi le médiateur entre le monde des vivants et le monde des morts.

Comment se manifeste ce signe dans la vie du médium ?

Simplement ou dramatiquement, le médium est entouré par la mort. Même si nous avons tous et toutes vécu des moments difficiles liés à la perte d'un être cher dans nos vies, le médium possède quant à lui un fort potentiel à être en contact avec les morts (famille, proches, animaux) au cours de son incarnation, et ce dès son plus jeune âge.

Au-delà du constat que le médium se trouve entre ces deux mondes, il doit collaborer avec la mort, pour le passage. En effet, le médium peut être aussi passeur d'âme.

Les peurs nocturnes

La peur du noir et les peurs nocturnes sont des signes très marqués du médium. Ces peurs sont l'expression d'une médiumnité pour celui ou celle qui a refoulé la manifestation d'esprits lorsqu'il ou elle était enfant. Ce refoulement peut avoir deux sources.

La première source est la peur de ce que l'enfant a vu, ressenti ou entendu. Les enfants étant très ouverts à la médiumnité, ils peuvent très facilement voir, entendre ou ressentir des esprits. Dans cette hypothèse, il y a deux schémas qui se mettent en place.

Celui où l'enfant est ouvert et comprend ce qu'il ressent, voit ou entend. Dans ce cas, la peur n'est pas manifeste, et celui-ci peut grandir en acceptant ces capacités et en s'ouvrant à ce potentiel. Encore faut-il que l'enfant soit en âge de comprendre.

Ensuite, celui où l'enfant n'est pas en âge ou en capacité de comprendre et alors la peur se manifeste. Dès lors, s'il émet la volonté de ne pas ressentir, voir ou entendre, les capacités vont se fermer. Cette fermeture émane de sa propre volonté, qu'elle soit consciente ou non. Le problème vient du fait que l'enfant enferme sa peur avec ses capacités et qu'en devenant adulte, il garde cette mémoire. Une mémoire de la peur de l'invisible qui se traduit par la peur du noir ou de la nuit.

La seconde source émane des membres de la famille qui vont rejeter les capacités de l'enfant (si celui-ci en parle), soit parce qu'ils sont guidés par leur propre peur, soit par conviction religieuse ou traditionnelle. À travers le regard posé par les adultes, l'enfant va interpréter ce qu'il voit, ressent ou entend comme quelque chose de mal dont il faut avoir peur et qu'il faut supprimer. Il fermera alors ces capacités et portera cette mémoire familiale.

La médiumnité et les divers modes de communication

Aujourd'hui la sphère médiumnique s'étend dans un champ de définition plus large. Le médium est celui qui communique avec le monde subtil englobant le monde des morts et tous les plans vibratoires supérieurs.

Ce n'est pas ma vérité, car dès lors que nous ne sommes plus dans le monde intermédiaire, nous sortons d'une communication médiumnique, mais entrons dans une communication « canalisation » (le *channeling*). Identiquement, lorsque nous allons à la rencontre de nos animaux totem ou de nos ancêtres, nous entrons dans une communication d'ouverture de conscience (qui n'est ni de la médiumnité ni de la canalisation) par un voyage chamanique.

Il semble pertinent de différencier la médiumnité des divers modes de communication pour comprendre et connaître nos propres capacités, nos modes de communication afin de les développer en toute confiance. La connaissance de soi est la base d'un travail de développement personnel et spirituel.

« Connais-toi toi-même et tu connaîtras les dieux et l'Univers » (formule incertaine reprise par Socrate et Platon qui est gravée sur le temple de Delphes où l'oracle du dieu Apollon faisait ses révélations).

La médiumnité et la voyance

La voyance n'est pas identique à la clairvoyance. La clairvoyance est une branche de la médiumnité, ce n'est pas le cas de la voyance.

La voyance est la possibilité de se connecter à l'esprit d'une personne vivante pour lui parler de son présent et prédire son futur, et éventuellement, lui parler de son passé si cela est nécessaire pour l'aider dans son questionnement.

La voyance utilise le sens de la vue (principalement) et se manifeste à travers des flashs visuels lors de la consultation ou même de manière inattendue. Dans ce cas, le voyant est dit « voyant pur », parce qu'il n'utilise pas de support. Pour autant, cela n'exclut pas que la voyance puisse se pratiquer avec des supports pour obtenir des informations : la boule de cristal, les oracles, le tarot, le pendule, les runes par exemple, pour ne citer que les plus connus. La voyance peut aussi passer par des connaissances comme la science des astres, de la numérologie pour apporter des prédictions (c'est-à-dire des informations sur le futur de son consultant). Certains voyants lisent également les lignes de la vie des mains ou dans le marc de café.

En aucun cas, le voyant ne communique. La communication implique une émission et une réception, or le voyant reçoit uniquement des informations. Il ne se connecte pas à d'autres plans subtils, ne communique pas avec les âmes défuntes, ou entités. Sa pratique ne concerne que les personnes vivantes. Il utilise ses cinq sens et non ses capacités extrasensorielles. Tous les médiums ne sont pas voyants (certains ne font que de la communication avec les âmes défuntes) et le voyant n'est pas un médium. Une séance avec un voyant pur peut ressembler à une séance de médiumnité, si le consultant vient pour des informations sur son avenir ou des décisions importantes à prendre.

En résumé, le médium peut être qualifié de voyant s'il possède cette capacité de prédire l'avenir, dès lors ce n'est pas un médium *spirit* mais un médium voyant. Cela dit, les informations qu'il reçoit ne viennent pas de ses cinq sens mais d'entités ou d'esprits.

La médiumnité et la télépathie

Pour aborder cette partie, il est pertinent de définir ce qu'est la télépathie.

La télépathie est un terme créé par Frédérick Myers en 1882 pour définir la communication à distance par la pensée, de conscience à conscience. La télépathie n'est pas une faculté extrasensorielle ou un don, c'est la capacité à communiquer entre les esprits (incarnés) par le seul moyen de la pensée, ce que nous nommons plus couramment « la transmission de pensée ». Nous sommes tous télépathes. Selon certains scientifiques (et historiens), la télépathie fut le premier langage, puis est apparu le langage parlé et ensuite articulé qui nous est propre aujourd'hui. L'homme a oublié cette faculté car naturellement il choisit ce qui lui semble le plus facile pour communiquer : le langage parlé et articulé. La télépathie est à différencier aussi de l'intuition, qui est un mode de communication immédiat, avec une information dont on ne connaît pas la source.

La communication par télépathie peut s'établir à distance, elle n'exige pas d'écrits ou de gestuelle. C'est le mode de communication des animaux au-delà de leur langage sonore. À ce propos, la communication avec les animaux comme nous pouvons la pratiquer aujourd'hui n'est pas de la conscience modifiée, ni de la médiumnité, c'est de la télépathie. Ce qui signifie que nous sommes tous en capacité de communiquer avec un animal vivant (à différencier d'un animal mort qui est une âme défunte ou un esprit allié).

Il a été établi scientifiquement qu'il existait un lien télépathique (recherches de Rupert Sheldrake) entre le maître et son animal de compagnie. N'avez-vous pas remarqué que nos chers amis animaux (chiens ou chats) nous attendent devant la porte ou dans le jardin lors de notre retour à la maison après notre journée de travail ou de déplacement ? Notre venue n'est pas seulement annoncée par le bruit de la voiture et l'heure à laquelle nous avons l'habitude de rentrer mais par la transmission de pensée. Dès lors que nous avons émis la pensée de rentrer à la maison (à travers la prise de décision) en finissant notre journée de travail ou autre, l'animal reçoit la pensée et la connaissance de notre retour.

Page 74, vous trouverez une séance de télépathie à pratiquer.

La médiumnité et la canalisation (ou *channeling*)

La canalisation et la médiumnité sont très souvent confondues. Cette confusion découle principalement de la méthode de communication. En effet, pour la médiumnité, nous parlons d'« être un canal » par lequel les âmes défuntes entrent en communication avec le monde des vivants, et il est aussi question de « canal » pour la canalisation.

Le canal médiumnique est utilisé pour la communication médium et le canal subtil pour la canalisation. La différence se situe d'une part sur le plan vibratoire (nous ne canalisons pas le même plan en médiumnité et en canalisation) d'où sont émises les informations reçues. D'autre part, sur le plan énergétique (nous n'utilisons pas le même corps énergétique ou champ énergétique pour communiquer) d'où nous réceptionnons les informations transmises.

La lecture de communication en matière de médiumnité se fait à partir de notre chakra du plexus solaire. Celui-ci est relié au corps mental et au plan astral, c'est-à-dire à la matière et au plan intermédiaire.

Ce plan intermédiaire contient des énergies très lumineuses, mais aussi très obscures. En effet, entre les trois plans (monde d'en haut, monde d'en bas et monde intermédiaire), il est le seul à être relié à la dualité, à l'ego et à l'espace-temps. Cela doit nous inviter à la prudence lorsque nous faisons de la communication médiumnique. Certaines entités négatives peuvent se faire passer pour des êtres bienveillants afin de venir charger notre énergie et se coller à nous.

Pour la canalisation, la lecture des informations données se fait par une autre technique. Lorsque nous canalisons (dans le sens *channeling*), nous utilisons nos chakras spirituels (chakra laryngé, troisième œil et coronal). Le chakra laryngé est le centre de la communication, le chakra du troisième œil est le centre de la vision et le chakra coronal, le centre énergétique de la communication. Nous accédons alors à des niveaux supérieurs de conscience, c'est-à-dire de vibrations. Dans cet espace énergétique, il n'y a pas d'esprits comme les âmes défuntes ou les esprits de la nature mais des entités de lumière hautement vibratoires comme les guides, les anges et les archanges, les déités.

Notre canal subtil s'étend de notre chakra du cœur à notre troisième œil. Ce plan est le monde d'en haut.

Ce monde d'en haut est dénué de dualité, d'ego et d'espace-temps. Si vous savez accéder à cette fréquence, il n'y a aucun risque, contrairement au plan intermédiaire où se trouvent certaines âmes défuntes. Si une entité se fait passer pour votre guide de lumière alors que c'est une âme défunte en quête d'un corps énergétique pour survivre, vous n'êtes pas en canalisation, mais en médiumnité dans le plan intermédiaire. Autrement dit, vous n'êtes pas sur le bon plan vibratoire si l'entité peut vous faire « croire » qu'elle est votre guide pour vous manipuler et se nourrir de votre énergie.

Il est important de faire la différence entre une entité négative et un guide. Elle est simple : le taux vibratoire. Cela se ressent à son contact. Le guide vous apporte de la chaleur, vos ressentis seront principalement dans les chakras supérieurs et précisément au niveau du cœur. Son discours sera bienveillant et il ne vous imposera aucune décision ni action à faire. Il conseille et peut se montrer ferme. Une entité négative vous apporte du froid, vos ressentis se situeront dans les chakras inférieurs et plus précisément le plexus. Vous pouvez ressentir des maux au ventre ou à la tête et une grande fatigue après la communication. Elle aura tendance à vous flatter sans cesse, et à vous ordonner ce que vous devez faire (ce que ne fait jamais votre guide).

J'ai conscience que la différence peut paraître subtile. Mais en écoutant votre intuition et en vous faisant confiance, vous saurez faire la distinction.

La médiumnité et la science

L'émergence du spiritisme au XVIIIe siècle a conduit à de nombreux questionnements et controverses concernant cette communication avec l'au-delà, qui à ce jour n'est toujours pas reconnue officiellement comme une science. De nombreux médiums se sont retrouvés enfermés dans des hôpitaux psychiatriques parce que l'on ne comprenait pas leurs capacités. Afin de mieux connaître ce phénomène et d'y apporter une crédibilité, des études ont été menées et des tests pratiqués auprès de médiums connus ou de personnes présentant des signes de médiumnité. Sans entrer dans la théorie car ce n'est pas l'objectif de cet ouvrage qui se veut un manuel de développement, c'est vers le XIXe siècle que certains scientifiques, penseurs et opposants ont cherché à comprendre si cela était possible de communiquer avec le monde des morts. Ces recherches sont nées de questionnements plus profonds sur la vie et la mort, c'est-à-dire des interrogations de conscience : pourquoi sommes-nous là ? Avons-nous une mission de vie ?

Les premières études qui se sont penchées sur la médiumnité sont fondées sur un test proposé à des médiums qui ont accepté de se prêter au jeu. Mis en place au XIXe siècle, ce test de médiumnité propose un protocole très spécifique et surtout sécurisé de manière à ce qu'il n'y ait aucune fraude, et notamment qu'une lecture ne puisse pas être retenue. Ce test est un procédé à l'aveugle. Il se déroule en plusieurs étapes afin qu'il n'y ait aucune possibilité que le médium testé connaisse le défunt ou les proches du défunt.

Il est important de préciser que les moyens techniques de cette période étaient plutôt médiocres et peu fiables. D'autant que, malgré des résultats concluants pour certains médiums, les scientifiques trouvaient (ou essayaient de trouver) une autre raison à leurs constatations au travers de pathologies comme la schizophrénie ou le dédoublement de personnalité. Ce fut le cas pour Eileen J. Garret, une médium irlandaise. Malgré de très bons résultats au test, certains scientifiques l'ont soupçonnée de dédoublement de personnalité et ont remis en cause les résultats obtenus.

Ce protocole est toujours en place à ce jour. Quel est le procédé de ce test ?

L'isolement du médium

Le médium est isolé (des proches des défunts) dans une salle. Il ne connaît (en général) que le prénom des défunts avec lesquels il doit communiquer, et ne possède donc aucune autre information. Parfois, il est autorisé à recevoir un objet ayant appartenu aux défunts. Sachant que tout est énergie, la communication avec un défunt au travers de l'un de ses objets est un mode d'échange répandu.

Le recueil des informations

Les chercheurs et scientifiques sont installés dans une autre pièce. Les deux salles sont séparées par une vitre, ce qui leur permet de voir et d'entendre le médium. Ce dernier communique avec les défunts et transmet les informations reçues lors de la communication. Les testeurs recueillent ainsi les données fournies par le médium et les notent sur des fiches (une fiche par défunt).

Les informations notées sont : le nom des défunts, leur prénom (si le médium n'en a pas eu préalablement connaissance), une tenue, un lieu où ils vivaient, les lieux importants dans leur vie, une profession, des moments vécus, leur physique.

Les proches des défunts

Les proches des défunts sont installés dans une autre pièce, isolée de celles des testeurs et du médium, et ils attendent le temps du test. Généralement, ils sont au nombre de trois (trois personnes défuntes de différentes familles). Il n'y a qu'un seul proche par défunt.

L'identification du médium

Après la notation des informations sur les fiches, les scientifiques vont les transmettre aux proches dans leur salle. Ceux-ci doivent alors identifier, par le biais des informations, quelle fiche correspond à leur défunt.

Afin de vous faire découvrir votre médiumnité et de vous confronter à l'expérimentation – car tel est le but de ce manuel –, je vous propose un test de médiumnité. Il se fonde sur le test scientifique mais a été adapté afin d'être accessible à tous.

Cet exercice est l'occasion de laisser émerger votre potentiel et de prendre confiance en vous. Il n'y a aucune note ni évaluation à la fin, juste l'opportunité de vous révéler. Et vous pourriez être surpris du résultat !

Ce n'est pas un test de médiumnité pure, mais de ressenti adapté. Aucune inquiétude, il n'est pas demandé de communiquer avec un défunt.

Amusez-vous et prenez du plaisir.

Le test de médiumnité

La méthode se présente en quatre étapes.

1. Le choix

Choisissez la photo d'un défunt dont vous pouvez vérifier les informations reçues. Une personne décédée proche dont vous connaissez l'existence mais que vous n'avez pas côtoyée personnellement afin de ne pas être influencé.

2. L'isolement

Isolez-vous dans un endroit calme où vous serez seul (afin de ne pas être perturbé par d'autres énergies). Purifiez le lieu et activez une technique de protection (vous pourrez trouver ces informations à la fin de ce livre).

3. La concentration

Concentrez-vous sur la photographie. Notez ce que vous ressentez ou recevez : initiale, profession, âge, nationalité, trait de personnalité, marié ou non, enfant ou non, date, etc. Ne négligez aucune information.

Attention, le but de cet exercice n'est pas de communiquer avec l'âme défunte mais d'écouter un ressenti à travers une image.

L'exercice de notation doit se faire en UNE SEULE FOIS afin de rester dans un ressenti intuitif.

4. La vérification

Faites vérifier les informations auprès de vos proches.

Le but n'est pas d'évaluer ses capacités ou de performer, mais d'apprendre à écouter ses ressentis, de comprendre son mode de réception des informations et de développer son potentiel.

L'analyse de l'exercice

Cet exercice a pour objectif une meilleure connaissance de soi au travers de son potentiel extrasensoriel. Il s'agit de déterminer quelle est la nature de ses capacités. La médiumnité peut s'exprimer par des voies différentes de réception *via* l'extension de nos cinq sens.

Après l'exercice, prenez le temps de répondre à ces questions :

- Est-ce que j'ai reçu les informations par des sons ? Si oui, je suis un clairaudient.
- Est-ce que j'ai reçu les informations par des images ? Si oui, je suis un clairvoyant.
- Est-ce que j'ai reçu les informations par mon corps ? Si oui, je suis un clairsentient.
- Est-ce que j'ai reçu les informations par intuition ? Si oui, je suis un clairconnaissant.
- Est-ce que j'ai reçu les informations par des odeurs (réception très rare lors d'exercices de ressenti) ? Si oui, je suis un clairolfactif.

Chapitre 2

Les différentes capacités médiumniques

« Est-ce que le paon est un bon médium ?
Vois tous ces yeux ! »

Chantal Blanchet

Le médium est multiple. Il n'y a pas une médiumnité mais autant de médiumnités que de médiums car nous sommes tous différents et exprimons nos capacités selon nos mémoires, notre sensibilité et notre contrat d'âme.

Nous devons faire aussi attention aux représentations des capacités extrasensorielles ou médiumniques au cinéma ou à la télévision car elles faussent une réalité concernant la manifestation de notre potentiel. Si nous prenons ces représentations comme repère, nous pouvons penser que nous n'avons aucune capacité car elles sont mises en lumière de façon exagérée et dans le but de faire sensation afin d'assurer le succès du film ou de la série. L'objectif est d'effrayer le public ou de lui faire croire que la médiumnité est un pouvoir supranaturel qui crée des superhéros.

Restons humbles et connectés à la réalité.

Pour présenter les capacités médiumniques, j'ai choisi de les diviser en deux domaines spécifiques :

1. Les différentes capacités selon nos sens.
2. Le passeur d'âmes.

Cette classification est établie selon mon expérience, les messages et enseignements que je reçois de mes guides et les résultats obtenus lors de mes stages de médiumnité. Elle a pour objectif de trouver l'expression de votre potentiel médiumnique, c'est-à-dire de répondre à cette question : « Quel médium êtes-vous ? »

Les différentes capacités selon nos sens

Ces capacités se regroupent en cinq expressions médiumniques :

- la clairvoyance ;
- la clairaudience (ou clairsentience) ;
- le clair-ressenti ;
- la clairolfaction ;
- la clairconnaissance.

La clairvoyance

La clairvoyance est reliée au sens de la vue. C'est l'extension de notre sens de la vue. Il ne s'agit pas seulement de voir avec ses yeux, mais de voir au-delà de ce qui est vu, comme c'est le cas par exemple avec les visions.

Lorsque nous sommes en conscience modifiée, il faut différencier vision et voyage. La vision est une image précise, comme un film ou un extrait qui se déroule devant nous. Dans cette situation, c'est notre chakra du troisième œil qui se dilate et permet la vision.

Cette situation peut se présenter à tout moment que l'on soit conscient ou dans la phase de sommeil comme la phase d'endormissement ou de sommeil paradoxal, ou au cours d'une consultation lorsque l'on maîtrise sa clairvoyance.

Le voyage est l'activation de notre imagerie astrale (à travers notre corps astral ou notre cœur), ce qui nous permet de voir certaines situations, de vivre des intuitions ou de recevoir aussi des messages au travers des images qui nous sont envoyées. Ce voyage astral ou vibratoire est souvent provoqué par une méditation guidée, un voyage dans l'inconscient ou une hypnose.

Les deux moyens, vision et voyage, apportent des messages, mais nous n'activons pas la même imagerie, l'une est mentale, l'autre est astrale.

Si nous nous fions à la définition pure du médium, le clairvoyant est celui qui voit les âmes défuntes. Cette vision peut prendre la forme d'une ombre blanche ou noire ; certains médiums voient l'âme défunte dans son incarnation humaine lors de sa dernière vie. Cela est très fréquent et permet l'identification (éventuelle) de la personne, et ce d'autant plus lorsque l'âme défunte n'est pas montée et n'est pas encore passée par un sas d'épuration.

J'aimerais rétablir une autre vérité autour de la clairvoyance. Cette capacité n'est pas si répandue que nous pourrions le penser ou que certaines séries nous le font croire. En effet, il est très rare de voir les âmes défuntes comme des hologrammes et de leur parler (ce qui implique de la clairaudience). Les âmes défuntes apparaissent le plus souvent lors des phases de sommeil, en conscience modifiée. Si vous ne voyez pas les âmes défuntes, cela n'exclut en rien votre potentielle capacité de médiumnité. Elle s'exprime différemment et l'important est de découvrir comment elle se manifeste dans votre vie.

La clairaudience

La clairaudience se nomme aussi la téléaudio ou téléaudience. Elle est l'extension de notre sens de l'ouïe. C'est la capacité de communiquer ou de réceptionner des messages à travers du son ou des mots. Cela ressemble à une conversation téléphonique avec soi-même.

Il faut préciser que le son ou les mots émanent de l'intérieur de nous, et cela peut nous conduire à penser que nous les inventons ou que c'est notre mental qui nous les souffle. Comme nous l'avons vu à propos de la clairvoyance, entendre une voix différente et à l'extérieur de nous est un mode de communication de clairaudience rare.

La clairaudience comme capacité médiumnique est la réception de sons ou de mots transmis par les esprits. Si les mots, messages ou informations sont donnés par des entités autres que les esprits (comme des maîtres ascensionnés ou des divinités par exemple), il s'agit alors d'une capacité de canalisation.

Ces mots ou ces sons peuvent survenir lors d'un exercice de médiumnité impliquant une demande pour provoquer l'émission du message. Mais ils peuvent aussi être envoyés lors d'un état de conscience modifiée au cours d'une méditation par exemple, ou d'une ouverture de conscience comme le voyage chamanique. Autrement dit, soit il y a une volonté de recevoir un message et cela explique la décision de méditer ou de faire un voyage chamanique, soit le message survient sans que l'on n'ait rien souhaité ou provoqué. Il est ainsi possible de recevoir des mots ou des sons dans un état de conscience normal, alors que l'on discute avec un ami, ou lors d'une promenade.

En matière de clairaudience, il n'existe donc aucune règle. La difficulté réside dans le fait d'être attentif à ces mots ou ces messages, et de déterminer leur sens ou leur destinataire.

Au-delà de nos corps pour capter des messages audios, qu'il s'agisse de mots ou de sons, des techniques de communication avec les défunts ou les esprits ont été mises en place. L'une d'elles se nomme la transcommunication instrumentale ou TCI. Elle a fait son apparition vers les années 1930, suite à l'apparition de la radio (principalement en France), mais elle s'est surtout développée dans les années 1950. Elle a permis d'élaborer le phénomène de voix électronique, ou PVE. Le PVE désigne la présence ou la manifestation d'un message, mot ou son, d'une âme désincarnée ou d'une source inconnue, captée lors d'un enregistrement avec un appareil électronique.

En quoi consiste la technique de la transcommunication instrumentale ? Il s'agit d'utiliser un appareil électronique comme relais de communication entre les âmes incarnées et les âmes désincarnées, c'est-à-dire entre le monde des vivants et le monde des morts. Le plus souvent, l'appareil utilisé est un magnétophone, mais aujourd'hui avec les nouvelles technologies, il est possible de se servir d'un dictaphone ou d'un téléphone. L'important est que l'appareil soit équipé d'un mode enregistrement.

Le principe est simple : laisser l'appareil en mode enregistrement pendant plusieurs heures (dans le silence) et l'écouter ensuite. Cette technique est très connue dans le milieu médiumnique, certains médiums l'utilisent pour communiquer avec les défunts ou d'autres entités et recevoir leurs messages.

Le clair-ressenti ou clairtoucher

La capacité du clair-ressenti est liée, comme son nom l'indique, à la captation des ressentis à travers le corps, nos corps. En effet, elle peut se manifester aussi bien dans notre corps physique que dans nos autres corps énergétiques.

Le clair-ressenti est la sensation d'une présence, d'un esprit ou d'un changement vibratoire dans un lieu par exemple. Nous ressentons les vibrations lorsqu'elles sont plus élevées ou plus basses que notre taux vibratoire. Très souvent, le clairsentient est un hypersensible. Cela peut être un handicap car il ne sait pas gérer, dans l'ignorance de sa capacité, l'impact énergétique et se laisse vite polluer par les énergies qu'il ressent mais aussi qu'il absorbe.

Le clair-ressenti est fortement lié au corps, au physique, car c'est l'extension de notre sens du toucher. Cette capacité peut se manifester par une sensation sur notre peau, par exemple le bras, mais aussi à travers notre corps : mal au plexus, une pression sur la poitrine ou un mal de tête. Il peut s'agir aussi de sentir une présence, par exemple ressentir un poids à côté de nous sur un canapé, comme si une personne venait de s'asseoir.

Lorsque la sensation est physique, c'est-à-dire par le toucher, c'est notre corps physique qui capte l'information. Notre corps physique est aussi un corps énergétique mais c'est le plus dense en termes d'énergie et de vibration, le plus lourd et le plus pollué également car il est dans la matière. D'où l'importance d'augmenter notre taux vibratoire. En effet, lorsque nous calculons notre taux vibratoire ou que nous l'augmentons, cela concerne le taux vibratoire de notre corps physique.

Quand les sensations s'expriment à travers notre corps, au niveau du plexus solaire, de la poitrine ou de la tête, ce sont les différents corps énergétiques qui sont les capteurs d'informations :

- Le corps émotionnel pour le plexus : ressenti d'une énergie négative.
- Le corps astral pour la poitrine : une entité mange notre énergie (cela peut signifier que l'on a une entité collée sur soi).
- Le corps bouddhiste pour la tête : un esprit essaie d'entrer en communication avec nous.

Pour autant, les mains sont l'outil principal de captation du clairressenti. N'avez-vous pas remarqué lorsque vous méditez, soignez ou faites un voyage astral ou vibratoire, que vos mains réagissent ?

Cela peut se manifester par :

- des picotements ;
- de la chaleur ;
- des fourmillements ;
- de la densité (comme si la main se faisait plus lourde).

En effet, nous possédons des chakras dans chaque main qui sont de puissants récepteurs d'énergies. De nombreux clairsentients utilisent leurs mains pour ressentir la présence d'esprits comme les esprits de la nature. De plus, les mains sont liées au chakra du cœur, qui est l'un des points culminants (avec le chakra Ajna) de notre canal subtil.

La clairolfaction

La clairolfaction est une capacité médiumnique méconnue dans le monde de la médiumnité ou de la spiritualité. Nous en parlons peu en comparaison de la clairvoyance et de la clairaudience qui sont l'objet de nombreux articles, posts et développements.

La clairolfaction est la capacité de ressentir les esprits par les odeurs et parfums. C'est le sens de l'odorat qui est à l'honneur dans l'extension des sens.

Le corps physique est aussi le lieu de passage de cette capacité olfactive. En effet, à l'intérieur des narines, une muqueuse contient des neurones porteurs de récepteurs sensoriels. Ce sont par ces capteurs que le message olfactif se manifeste.

Dans cette situation, il y a une vraie volonté de l'esprit de manifester sa présence par l'odeur afin que la personne puisse identifier le défunt. Cela signifie que l'odeur ou le parfum est un élément d'identification important du défunt.

Si on sent par exemple une odeur de cigarette alors que personne ne fume dans le lieu où l'on se trouve et que le défunt proche était un gros fumeur, il est fort probable qu'il manifeste ainsi sa présence. Cela peut être aussi le parfum d'une fleur comme le jasmin, et nous avons connaissance que notre grand-mère adorait le jasmin et en cultivait dans son jardin.

Dans le cas où nous sentons un parfum ou une odeur, il est important de vérifier que rien dans notre environnement ne puisse les provoquer.

Dans le cadre de la clairolfaction, l'odeur ou le parfum peuvent être captés dans tout lieu, même à l'extérieur. Cela complique la tâche car nous pouvons sentir une odeur d'un défunt que nous ne connaissons pas et cela nous empêche de prendre conscience que nous sommes en réception d'une information par la clairolfaction.

Cela est d'autant plus difficile que nous avons naturellement tendance à utiliser en priorité nos sens de la vue et du toucher pour identifier ce qui nous entoure, plutôt que celui de l'odorat.

La clairconnaissance ou claircognizance

La clairconnaissance est la capacité à recevoir une information immédiate et directe du subtil sans en connaître la vérité, sans en avoir vécu l'expérience ou sans en avoir été informé à travers un enseignement. Cela peut être une information actuelle ou ancienne, voire historique, sans l'avoir lue, étudiée ou connue de quelque sorte que ce soit.

Cette information vient de l'Univers, nous sortons donc du contexte fermé des quatre premiers sens avec des messages provenant des esprits. Pour la clairconnaissance, cela est totalement différent. En effet, par cette capacité, ce n'est pas un mode de communication qui est mis en valeur, comme un son ou mot pour la clairaudience, une image pour la clairvoyance ou une odeur pour la clairolfaction. Il s'agit de recevoir des informations quel que soit le mode de transmission et de réception. Nous sommes tous investis de clairconnaissance car nous sommes tous connectés aux plans subtils. Seulement, la matière, le monde physique nous happe et fait interférence avec cette connexion.

Si vous vous attardez sur ce sujet et réfléchissez bien à certaines de vos expériences, vous trouverez un exemple où vous avez pris connaissance d'une information ou d'un savoir sans l'avoir lu quelque part, connu par une autre personne ou étudié dans votre parcours scolaire ou universitaire.

La clairconnaissance peut être traduite par «connaissance claire» ou «conscience parfaite», c'est-à-dire que l'information nous apporte un éclaircissement. Ce n'est pas une simple information qui est transmise mais une connaissance nécessaire pour mettre de la lumière là où tout semble bloqué ou obscur. C'est aussi la capacité à comprendre clairement l'information et à être dans le moment présent, et ainsi à pouvoir réceptionner les informations données.

Je précise que la présence dans l'instant, la concentration et l'attention de ce qui nous entoure contribuent fortement au développement de nos capacités.

Nous verrons dans le chapitre 3 que la clairconnaissance s'assimile énormément à l'intuition.

Le médium passeur d'âmes

Il existe une «fonction» plus particulière du médium. Une mission qui effraie autant qu'elle fascine. C'est le médium passeur d'âmes. Tous les passeurs d'âmes sont médiums mais tous les médiums ne sont pas passeurs d'âmes. Le passeur d'âmes est un chaman, un médium, un guérisseur.

Le passeur est un être qui a cette faculté d'aider les âmes errantes ou restées dans le monde intermédiaire à passer de l'autre côté du voile, c'est-à-dire vers la lumière. Il ne se limite pas aux âmes des humains, il accompagne aussi les âmes des animaux, des végétaux, et des minéraux.

En effet, certaines âmes défuntes restent bloquées dans notre monde, le monde intermédiaire. Dans ce cas, le médium devient un passeur d'âmes qui a pour rôle d'aider les âmes qui font appel à lui. De nos jours, nombreux sont ceux qui pensent que le médium peut passer une âme avec une prière, sans avoir à communiquer avec l'âme défunte. Ce qui, de mon point de vue, est une fausse idée du passage d'âme. Le passeur d'âmes n'est pas qu'un médium, qu'un « passeur », c'est aussi un guérisseur et un négociateur car, d'une part, certaines âmes ont besoin d'être soignées. D'autre part, il est parfois nécessaire de négocier avec l'âme défunte qui ne veut pas continuer ce chemin d'incarnation et d'expérience dans la matière. Le médium passeur d'âmes doit dans ce cas, pour remplir sa mission, être capable de communiquer avec l'âme défunte. Cela lui permet de comprendre sa présence dans notre monde et de savoir de quoi elle a besoin. Sans cela, faire monter l'âme en détresse par une prière sans prendre en compte les raisons de sa présence conduit à un passage forcé qui peut avoir de graves conséquences sur le chemin de l'âme en question (et pour le médium qui force le passage).

La question qui se pose est de savoir pourquoi certaines âmes restent dans le plan intermédiaire. Reprenons le processus au moment de la mort du corps physique. Lorsque le corps physique meurt, il faut trois jours à l'âme pour se détacher du corps mental. Celle-ci passe par différentes étapes qui la conduisent soit à une nouvelle incarnation (car elle n'a pas fini son cycle d'incarnation), soit à rester dans l'invisible pour une mission (guide par exemple).

Dès lors, les âmes ne sont plus sur le même plan vibratoire que nous. Il arrive que les âmes défuntes (quelle que soit leur forme ancienne incarnée) restent dans le monde intermédiaire auprès de nous.

Si nous excluons la possibilité qu'elles viennent nous dire « bonjour » ou « au revoir » avant de monter, ou se manifester pour nous soutenir (attention le défunt proche n'est pas un guide, nous développerons ce sujet dans le chapitre 6), d'autres explications viennent éclairer le fait que ces âmes défuntes sont encore là.

Un proche retient l'âme

Le proche n'a pas fait le deuil, et cette absence d'acceptation du décès du corps physique (car l'âme ne meurt pas) bloque le passage de l'âme. Dans ce cas, l'âme (désincarnée) souhaite monter mais la personne incarnée bloque le passage par le fait qu'elle n'accepte pas la mort de cet être cher. Cela se manifeste par des pleurs, la recherche de sa présence énergétique, des appels, l'attente de messages de sa part, ou encore de positionner le proche défunt comme un guide et de lui poser des questions de vie comme s'il était encore là physiquement.

L'âme souhaite rester près d'un être cher

Dans cette situation, il n'y a pas de blocage, ni un proche qui n'a pas fait le deuil. L'âme, encore éprise de son lien affectif avec un proche, ne peut se résoudre à le laisser, et décide de rester afin de l'aider et le protéger. Seulement, cela peut devenir difficile, que ce soit pour l'âme défunte qui reste dans ce monde et stoppe, ou plutôt suspend son contrat de vie, mais aussi pour la personne incarnée, qui peut ressentir cette présence et, de ce fait, n'accomplit pas le deuil totalement.

L'âme n'a pas réglé certaines problématiques

L'âme n'a pas réglé tous ses problèmes avec ses proches lors de cette incarnation et elle reste dans le plan du milieu dans le but de se libérer de ce karma et d'honorer son contrat d'âme. Dans ce cas, elle va se servir d'un médium pour entrer en contact avec la personne incarnée pour résoudre la problématique ou avoir la discussion nécessaire pour apaiser les esprits. Si une âme défunte entre en contact avec un médium pour trouver de l'aide, il est important de comprendre pourquoi elle est encore dans notre plan. Car il existe de nombreux messages d'âmes défuntes destinés à leur proche, reçus par des médiums qui n'ont aucune connaissance de leur identité, et qui demeurent ainsi non transmis.

En effet, cela peut paraître étrange, mais certaines âmes défuntes contactent un médium pour transmettre un message, en indiquant « c'est pour ma fille », « mon frère » ou « mon père », mais sans laisser plus d'informations sur l'identité de leur proche. Dans cette hypothèse, le médium peut noter le message par écrit et ensuite le brûler en demandant à l'Univers de le transmettre à son destinataire de quelque manière que ce soit.

L'âme n'a pas compris que le corps physique est mort

Dans cette situation, l'âme ne sachant pas que son enveloppe est morte, reste en croyant être encore incarnée. Cela arrive lorsque la mort est violente, et que l'âme n'a pas eu le temps de comprendre : crise cardiaque, accident de voiture, décès lors d'une intervention chirurgicale...

L'âme refuse de monter

Il existe une dernière raison. L'âme a conscience que le corps est mort, il n'y a pas de blocage quant au passage, mais celle-ci ne veut pas monter. Souvent, la raison est la peur de ce qui pourrait se passer là-haut, peur de l'après. Elle choisit alors de se « coller » à une âme incarnée et ainsi de continuer sa vie terrestre. Seulement, cela bloque l'évolution de la personne touchée par l'âme défunte que ce soit sentimentalement, professionnellement ou spirituellement. Ce phénomène crée un blocage et la sensation d'être sans cesse accompagné d'une entité (ce qui est le cas). Cela peut provoquer une grande fatigue chronique avec ce sentiment de ne pas avancer. La difficulté intervient lorsque cette entité (âme désincarnée) est en basse vibration car elle devient une entité négative. Ce phénomène arrive fréquemment lors des mort/naissance, c'est-à-dire lorsqu'il y a peu d'intervalle temporel (moins de six mois) entre un décès et une naissance dans la famille. Quand elles n'ont pas trouvé de corps physique pour se coller et se nourrir d'énergie, ce sont des âmes errantes.

L'âme errante

Les âmes errantes peuvent être humaines, végétales, minérales ou animales. Ce sont des âmes torturées car décédées dans des conditions difficiles telles qu'un accident, un meurtre, une crise cardiaque, une maladie ou un abattoir pour les âmes animales par exemple. De ce fait, elles n'arrivent pas à passer de l'autre côté, il faut les aider. Dans certains cas, cela peut s'avérer difficile car elles sont empreintes de colère ou de rancœur du fait d'être dans la non-acceptation de leur état. Elles agissent alors de manière brutale dans leur mode de communication, ce qui n'offre pas au médium qu'elles interpellent l'envie de communiquer, encore moins de les aider. Cela nous amène à rappeler la nécessité, voire la règle impérative de savoir communiquer avec les âmes défuntes pour les faire passer. Il est indispensable de communiquer avec elles, de les apaiser ou les soigner selon les besoins, avant de les faire passer. Il se peut que cela ne soit pas chose aisée et qu'elles résistent, mais avec beaucoup d'amour et de patience, le passage se déroule généralement très bien.

Pour autant, toutes les âmes dans le monde intermédiaire, ne sont pas des âmes errantes (qui ne sont pas passées de l'autre côté). Certaines sont des guides qui se manifestent auprès de nous pour nous aider, nous soutenir dans notre chemin de vie. Généralement, les âmes défuntes de proches ou membres de la famille ne sont pas nos guides de lumière. Ce n'est pas le rôle d'une âme défunte d'être notre guide. Elle doit continuer son cycle d'incarnation et éventuellement, selon son évolution dans l'expérimentation de la vie humaine, décider de devenir un guide. Mais elle ne sera pas le guide d'une âme qu'elle aura connue dans une autre vie ou la vie actuelle. Toutefois, selon les circonstances, elles sont des guides de liaison, « les intermédiaires » (nous verrons cette fonction dans la partie des guides du chapitre 6). Ce qui explique leur présence auprès de nous.

Existe-t-il un protocole pour passer les âmes ?

Lors de mes ateliers ou stages de médiumnité, je rencontre de nombreux médiums qui sont des passeurs d'âmes et l'ignorent. En effet, il faut comprendre que le passage d'âmes effraie autant qu'il fascine. Il s'agit d'une mission importante, car toutes ces âmes bloquées empêchent le taux vibratoire de la Terre d'augmenter. Cela alourdit les karmas et les espaces vibratoires.

« Existe-t-il un protocole pour passer les âmes ? » est la question que les personnes curieuses de la médiumnité ou dans le développement de leurs capacités médiumniques me posent.

De mon expérience, il n'existe pas de « protocole » pour passer les âmes. Le passeur d'âmes possède son propre protocole appris dans le monde sacré, dans le monde de sa réalité non ordinaire, ou auprès d'une énergie mortuaire. C'est au médium passeur d'âmes de découvrir son propre protocole de passage.

Cela ne sera pas difficile de trouver une technique sur Internet, mais je n'adhère pas à cette idée. Le passage d'âmes est un apprentissage personnel, et doit venir du cœur, de votre cœur. N'hésitez pas à demander à votre guide comment vous pouvez faire, si une âme vous sollicite et que vous souhaitez ou que vous devez la passer afin de la libérer de sa prison terrestre.

Il existe différents visages énergétiques de la mort que vous pouvez solliciter selon vos affinités et vos ressentis pour être guidé dans la découverte de votre passage :

- la faucheuse (ou Grim Reaper) ;
- Anubis ou Osiris ;
- Pluton, dieu des Enfers et de la Mort pour les Romains ;
- Thanatos ;
- l'arcane 13 du Tarot ;
- le corbeau.

Comment savoir si nous sommes passeurs d'âmes ?

Certains signes peuvent se manifester très clairement pour nous indiquer que nous sommes passeurs d'âmes comme travailler auprès des personnes en fin de vie ou dans les hôpitaux, voire dans les pompes funèbres. Évidemment, voir et entendre les défunts est un signe que nous pouvons être passeurs d'âmes. Cela peut aussi se manifester par le fait d'être proche de la mort ou d'être très touché par la mort sans en avoir peur comme trouver sur son chemin des animaux morts (fréquemment).

Selon les témoignages lors de mes stages, les personnes ont cette conviction très intime et intuitive d'être passeurs d'âmes. Cela dit, nous ne devenons pas passeurs d'âmes si cela n'est pas notre mission. Être médium ne signifie pas que nous avons toutes les capacités et forcer notre chemin nous conduit hors des terres tracées par le divin en nous.

Avant de procéder aux exercices, j'aimerais apporter la précision importante que la première règle au développement des capacités, c'est la persévérance.

Il se peut que vous ne ressentiez pas la progression immédiatement, cela ne signifie pas que cela ne fonctionne pas, continuez en restant dans la foi. Accordez-vous le temps nécessaire avec une pensée positive.

La deuxième règle est la rigueur dans la pratique. En effet, les exercices doivent être réalisés régulièrement pour une meilleure efficacité, cela tient de votre implication et de votre responsabilité. Ces deux règles essentielles valent pour tous les exercices des capacités médiumniques.

Exercice pour développer sa clairvoyance

Cet exercice a pour but d'activer notre écran intérieur et ainsi de développer cette capacité de clairvoyance.
Nous possédons tous un écran intérieur, mais il est différent pour chaque personne.
Pourquoi ? Au-delà de l'écran intérieur, nous possédons tous des filtres mentaux selon nos croyances, notre éducation, nos expériences. Les images envoyées vont être cohérentes avec notre vie et notre mental, et nous n'avons pas tous les mêmes expériences, la même éducation.
Il est donc important de ne pas se comparer les uns aux autres dans la réception des messages (quelle qu'en soit la forme).

Je vous invite à vous installer confortablement dans un endroit isolé, un endroit où vous avez l'habitude de méditer, un lieu de recueillement, ou dans la nature, l'important est d'être dans une énergie de bien-être et de disponibilité.

Asseyez-vous, placez des coussins derrière votre dos, sous vos fesses si cela est nécessaire. Votre corps ne doit pas être sous tension afin que le mental ne vienne pas perturber l'exercice.
Vous pouvez si vous le souhaitez mettre une musique vibratoire (sans paroles). Fermez les yeux et intériorisez-vous.
Lorsque vous êtes prêt, commencez par cinq profondes respirations ventrales. Cela consiste à inspirer par le nez en gonflant votre ventre et à expirer par la bouche d'un petit souffle contrôlé.
Ensuite, visualisez un grand écran (vous pouvez imaginer l'écran d'une salle de cinéma ou d'un téléviseur). Imaginez un bouton et appuyez sur ce bouton pour activer l'écran.
Laissez venir à vous les images qui vont apparaître sur cet écran. Cela peut être très furtif au départ mais c'est normal, d'une part votre esprit n'est pas habitué et, d'autre part, vous pouvez manquer de concentration. De l'entraînement et de la persévérance vous aideront à pratiquer cet exercice.
Cette activation se manifeste de différentes façons : des images fixes (comme des photos), ou des images animées (parfois saccadées) ou comme un film qui se déroule devant vous. Il n'y a pas de diffusion meilleure qu'une autre, juste l'expression propre à chaque individu.
Restez quelques minutes (la première fois) pour accueillir les images ou le film de votre écran. Si lors de votre premier essai, l'écran est resté noir, comme précisé précédemment, soyez persévérant et confiant. Ensuite, vous pourrez augmenter votre temps de visualisation.

Lorsque vous revenez à vous-même, notez ce que vous avez vu et éventuellement ce que vous avez ressenti (si l'écran est resté noir). Même si vous n'avez pas la compréhension de ce que vous avez vu (ou ressenti), cela viendra en temps voulu, peut-être plus tard.

Exercice pour développer sa clairaudience

Pour cet exercice de développement de la clairaudience, nous allons activer notre DJ interne.

Cette pratique est intéressante car elle nous permet d'ouvrir notre concentration sur ce que nous pouvons entendre en interne. En effet, nous sommes tellement occupés dans nos vies et happés par le bruit extérieur que nous n'entendons plus cette voix intérieure. Elle permet également d'activer notre oreille intuitive, et ainsi libérer le canal de notre clairaudience.
Il ne s'agit pas d'une voix étrangère, nous avons même souvent le sentiment de nous parler à nous-mêmes, et cela est normal. Essayons de nous détacher de nos croyances et de notre mental afin d'accueillir pleinement cet exercice.

Installez-vous confortablement sur un canapé, un lit, sur le sol, ou sur un tapis posé dans l'herbe. L'important est que vous soyez bien et en position allongée.
Vous pouvez aussi choisir la position assise, dès lors que vos genoux sont plus bas que vos hanches (placez un coussin sous vos fesses), ou dans un fauteuil légèrement incliné. Prenez conscience de l'environnement dans lequel vous vous trouvez. Écoutez les bruits qui vous entourent. Prenez une profonde respiration. Fermez les yeux, concentrez-vous sur votre souffle et faites cinq grandes respirations ventrales.
Revenez à une respiration normale. Prenez conscience de tous les points d'appui de votre corps sur la matière selon votre position : votre crâne, vos épaules, vos mains, vos coudes, votre dos, votre bassin, vos cuisses posées sur le sol, vos plantes de pied sur le sol, ou les talons dans l'herbe...
Visualisez-vous dans un espace vide de tout environnement, comme si vous étiez seul dans l'univers. Cet endroit est rempli de lumière et de chaleur. Vous vous sentez bien, et en sécurité.
Au centre de cet espace, il y a un fauteuil. Vous vous approchez et vous allez vous asseoir. Installez-vous confortablement dans ce fauteuil. Vous inclinez sensiblement le dossier, et levez les yeux vers le ciel. Devant vous, un ciel étoilé. Maintenant, vous fermez les yeux.
Demandez à votre DJ interne de jouer une chanson.
Laissez venir à vous une musique, une mélodie, une chanson...
Ensuite revenez à une conscience normale.
Comptez de 5 à 1.

– 5 : concentrez-vous sur votre respiration.
– 4 : écoutez les bruits qui vous entourent pour reprendre conscience de la pièce où vous êtes.
– 3 : bougez vos mains et vos pieds.
– 2 : étirez vos membres, vos bras, vos jambes ou votre nuque.
– 1 : ouvrez les yeux et revenez dans l'ici et maintenant.

Notez ce que vous avez entendu, et essayez de faire un lien avec votre présent, ou un souvenir du passé. Même si l'exercice a pour objectif de développer votre oreille intuitive et de ce fait votre capacité de clairaudience, la musique ou la chanson qui est survenue lors de cet exercice a un lien avec votre être et votre cheminement. Prêtez-y attention, et même si la signification ne vous semble pas claire dans l'immédiat, gardez cette information. Les réponses viendront sûrement plus tard.

Exercice pour développer son clair-ressenti

Ce troisième exercice fait appel à notre capacité de clair-ressenti. Le clair-ressenti est fortement lié à l'énergie et à nos sensations dans et à travers notre corps.
L'énergie qui est la plus perceptible est l'énergie de la nature, de la Terre mère. Nous n'y prêtons pas assez attention, mais elle est la plus puissante. C'est pour cette raison que j'ai choisi d'expérimenter le clair-ressenti avec cette énergie.
Pour cet exercice, vous devez vous trouver à l'extérieur, dans la nature. Cela peut être dans votre jardin si vous le souhaitez ou une forêt par exemple. Le seul impératif est qu'il y ait un arbre. Il doit avoir un tronc large, car cela signifie qu'il est âgé et que son énergie est sensiblement plus élevée qu'un jeune tronc.
Effectuez cet exercice avec conscience et disponibilité.

Afin d'optimiser l'exercice, mettez-vous pieds nus sur le sol (si cela est possible selon la saison) afin d'être pleinement connecté à la terre. Dans un premier temps, vous allez vous placer à environ dix mètres de l'arbre. Vous pouvez rester debout ou vous

asseoir. Lorsque vous êtes en place, regardez l'arbre dans un point infini : vous regardez dans la direction sans fixer quelque chose de précis. Gardez bien vos yeux ouverts (sans cligner) et en lâchant prise. Petit à petit, votre vue risque de se troubler, cela est normal, mais vous continuez à maintenir votre regard.
Rapidement, vous pouvez percevoir l'énergie autour de l'arbre ou même de la nature dans son ensemble. Cela peut apparaître comme une vision troublée ou comme un mirage. Vous pouvez aussi voir un rayon grisâtre ou sensiblement lumineux autour de l'arbre. Cela n'est pas de la clairvoyance, mais juste votre capacité à voir l'énergie ; cette capacité qui fait partie de votre nature profonde car vous êtes énergie, nous sommes énergie. Cette première étape permet de vous mettre dans un état de réception plus intense et subtil.
Ensuite, vous allez vous approcher de l'arbre et précisément de son tronc. À un mètre environ. Ensuite, placez vos mains près du tronc, à une distance de dix centimètres. Ne touchez pas le tronc, l'objectif n'est pas de se connecter à l'arbre, mais d'être dans un état de réception. Fermez les yeux et soyez attentif à vos ressentis. Petit à petit (il n'y a pas de temps défini, cela dépend de chaque personne), vous sentez l'énergie dans vos mains, elle peut se manifester par des fourmillements, de la chaleur ou une densité.
Restez quelques minutes dans l'accueil afin d'amplifier la sensation.
Puis, vous pouvez garder une main proche du tronc, et placer l'autre main près de votre chakra du cœur (votre poitrine).
Cela va vous permettre de ressentir les différences d'énergie, la vôtre par votre main placée près de votre cœur et celle de l'arbre par votre main proche du tronc. Accordez-vous quelques secondes ou minutes dans le ressenti. En effet, cela peut prendre un peu de temps, selon les personnes mais aussi selon votre état énergétique à l'instant où vous effectuez cet exercice.

Il est intéressant d'évaluer les sensations que vous avez captées lors de cet exercice : fourmillements, chaleur ou densité. Cela vous aide à déterminer comment vous ressentez l'énergie à travers votre corps et par conséquent comment se manifeste votre capacité de clair-ressenti. En effet, il n'y a pas que vos mains qui sont des capteurs, votre corps est un capteur à lui tout seul. Par exemple, si vous entrez dans un endroit et que vous ressentez de la chaleur (alors que rien ne prédispose à cela) dans votre corps (à différencier du fait d'avoir chaud) ou dans vos mains, cela signifie que vous captez une autre énergie que la vôtre, celle d'un guide ou d'un être de la nature, ou encore un esprit.

Exercice pour développer sa clairolfaction

Moins connue que la clairvoyance et la clairaudience, cette capacité de clairolfaction est peu répandue et surtout peu perceptible. Elle n'apporte pas de message précis, si ce n'est la manifestation d'une présence. Je vous propose un exercice pour développer cette capacité.

Installez-vous confortablement sur un canapé, un lit, sur le sol, ou sur un tapis posé dans l'herbe. L'important est que vous soyez installé confortablement et en position allongée.
Vous pouvez aussi choisir la position assise, dès lors que vos genoux sont plus bas que vos hanches (placez un coussin sous vos fesses), ou dans un fauteuil légèrement incliné. Prenez conscience de l'environnement dans lequel vous vous trouvez. Fermez les yeux, écoutez les bruits qui vous entourent. Prenez une grande et profonde respiration. Ensuite, concentrez-vous sur votre souffle sans forcer les inspirations et les expirations.
Vous allez vous concentrer sur une odeur ou un parfum que vous aimez. Cela peut être votre plat favori, une senteur florale, un parfum, un aliment comme le chocolat ou le café. Choisissez ce qui vous vient à l'esprit.
Portez votre concentration sur cette odeur en visualisant sa représentation. L'objectif de cet exercice est d'avoir l'impression de sentir l'odeur sans être en contact avec elle.
Lorsque votre sens olfactif est présent, accueillez vos sensations et le bien-être que cela provoque en vous. Restez quelques secondes ou minutes dans cet état d'accueil.

➔

Ensuite, revenez doucement à vous et à votre respiration avec trois inspirations ventrales et trois expirations lentes et contrôlées. Puis, ouvrez les yeux.

Cet exercice permet de développer votre sens plus subtilement de l'olfaction.

Exercice pour développer sa clairconnaissance

Comme je l'ai évoqué un peu plus haut, la clairconnaissance est une faculté moins connue. Pour autant, au même titre que le clair-ressenti, je suis convaincue, du fait de mon expérience de médium, que cette faculté est bien plus répandue que nous pouvons l'imaginer. L'obstacle le plus grand est la peur et le manque de confiance.
Cet exercice permet d'ouvrir son canal de clairconnaissance. Cela n'exclut pas de votre part un travail nécessaire sur vos peurs et vos doutes.
Pour cet exercice, vous avez besoin :

- d'une feuille et un stylo ;
- d'un temps à vous accorder (cela peut sembler évident, mais le préciser est essentiel) ;
- d'un endroit isolé et silencieux.

Pourquoi ? Car cet exercice se fait en conscience, mais pas en conscience modifiée ou lors d'un voyage astral, ce qui signifie que vous êtes à la fois à l'intérieur de vous, mais exposé aux extérieurs. Vous pourriez être dérangé par les bruits environnants. Or, il est primordial de rester concentré pendant cet exercice.
Cet exercice a un double emploi, d'où son intérêt à le pratiquer régulièrement : ouvrir votre canal subtil et recevoir les informations données. Attention, la difficulté de la clairconnaissance réside dans le fait qu'il n'y a pas de questions. En effet, cette faculté consiste à recevoir une information sans l'avoir provoquée, et dont on ne connaît pas la source. Et on ne possède pas préalablement l'information, que ce soit par le biais d'une lecture,

d'une formation, d'un visionnage ou d'un autre support matériel ou virtuel.
Le message n'est pas une réponse à une question, c'est une connaissance qui vous est transmise.

Vous allez vous placer debout au milieu d'une pièce.
Au préalable, vous aurez posé votre feuille et votre stylo sur une table à proximité.
Fermez les yeux. Vous relâchez vos épaules et votre bassin. Vos genoux ne doivent pas être verrouillés (cela est nécessaire pour la circulation de l'énergie).
Imaginez une boule lumineuse d'un blanc bleuté sous vos pieds, au centre de la Terre. C'est l'énergie terrestre, l'énergie de Gaia. Vous visualisez la lumière qui monte dans vos pieds, vos genoux, vos cuisses, votre bassin, votre ventre, votre poitrine, vos épaules, votre menton.
Lorsque la lumière arrive à vos yeux, sans les ouvrir, vous tournez votre regard vers le haut (comme si vous souhaitiez regarder à travers votre crâne) en suivant le processus de la lumière dans votre tête. Ensuite, imaginez votre crâne qui s'ouvre petit à petit au passage de la lumière (comme un rayon de lumière qui traverse votre corps des pieds à la tête et au-dessus de votre tête). Gardez votre regard vers le haut, même si cela peut être délicat. Continuez de visualiser ce rayon de lumière qui va rejoindre, au-delà de votre tête, un grand soleil lumineux et doré, l'énergie céleste ou cosmique.
Maintenez cette vision le plus longtemps possible, sans trop forcer, jusqu'à ressentir la connexion.
Comment savoir si vous êtes connecté ? Il n'y a aucune réponse, le ressenti diffère d'une personne à l'autre. Mais vous le savez, soit par un déclic intérieur, un ressenti profond, soit par l'entrée d'un nouvel état vibratoire, soit par la montée de l'énergie en vous et autour de vous. Un seul conseil : soyez à l'écoute.
Lorsque vous êtes connecté, ouvrez les yeux et asseyez-vous à la table où se trouvent votre stylo et votre feuille.
À présent, écrivez ce que vous recevez. Ne cherchez pas à entendre une voix, à avoir la sensation que votre mental vous parle ou à inventer ce que vous réceptionnez. Cela se manifeste

simplement dans votre esprit. Notez sans essayer de comprendre ou de retenir ce qui vous traverse.
Comme ce sont des informations divines, elles font partie de vous, mais votre mental, lui, ne les connaît pas, de ce fait, cela peut vous paraître absurde. Ne prêtez pas attention à cette parole de doute et de rejet.

Ensuite, laissez de côté vos notes et surtout, ne les retouchez pas. Deux ou trois jours plus tard, relisez vos notes. Vous serez étonné de votre lecture.
J'aimerais clore cet exercice par un conseil avisé. J'ai souvent proposé cette pratique à mes consultants ou participants lors de stages de médiumnité. Une belle âme, à la suite de l'exercice, avait montré le résultat à un proche. En effet, les informations reçues concernaient cette personne. Cette dernière lui a demandé de garder les écrits pour les relire. En confiance, la belle âme lui a confié les écrits. Quelques jours après, elle est venue me voir en larmes. La personne avait montré les écrits à une médium, qui s'était permis de dire qu'ils étaient faux et que la belle âme était polluée par le bas astral et qu'il fallait qu'elle s'éloigne. Elle a donc clairement remis en doute les écrits et la capacité de cette belle âme.
De mon point de vue, ce qu'elle avait ressenti était juste, mais les révélations ont déstabilisé la personne concernée. La conséquence fut le rejet de ces informations. Je fus choquée, d'une part par l'attitude de la « médium » qui ne connaissait nullement le cadre et la personne, et s'est autorisée à faire un diagnostic sans être au courant. C'est comme entrer dans une maison sans y être autorisé. D'autre part, par le fait que, face à des révélations qui touchent un point sensible, l'extérieur peut remettre en question ce que quelqu'un a eu la faculté de réceptionner.
Je vous raconte cette histoire pour vous expliquer que *l'avis* des autres n'est que *la vie* des autres. Certaines personnes, par ignorance ou un regard hermétique, pourront remettre en question ce que vous ressentez, entendez, voyez ou connaissez ! Ne doutez pas de vous. Personne à part vous ne peut juger qui vous êtes, et ce que vous êtes. Croyez en votre potentiel, en vos facultés et en votre magie.
Ne laissez personne vous faire croire que vous n'êtes pas capable ! Vous êtes extraordinaire.

Chapitre 3

L'intuition et la médiumnité

> « La seule limite à notre épanouissement de demain sont nos doutes d'aujourd'hui. »
>
> **Franklin D. Roosevelt**

Nous parlons souvent de notre intuition comme d'une capacité médiumnique. Certains pensent même qu'ils ne sont pas intuitifs. De mon point de vue, cela est une fausse croyance.

Lorsque nous parlons d'intuition, trois choses sont importantes à savoir :

1. Nous sommes tous investis d'intuition.
2. Elle se manifeste à chaque instant.
3. Notre intuition est toujours juste.

Lors de mes stages, j'ai très souvent entendu des commentaires concernant la troisième affirmation, par exemple « Je n'ai pas une bonne intuition ». Afin de lancer le débat, je questionne la personne pour savoir sur quels éléments elle fonde cette affirmation. La réponse est généralement la même : « Quand je suis mon intuition, je rencontre la mauvaise personne, ou je fais le mauvais choix. »

Il y a une confusion entre ce qui nous semble être bien pour nous, et ce dont nous avons réellement besoin. Il se peut que ce que notre intuition nous souffle intérieurement ne corresponde pas à ce que nous souhaitons mais à ce qui est nécessaire pour notre expérience et pour avancer sur notre chemin, même si cela devient une épreuve dans notre vie.

Pour développer ce sujet passionnant de l'intuition, nous aborderons ce chapitre en quatre parties.

Nous commencerons par circonscrire la définition de cette notion, puis nous verrons comment développer notre intuition par la pratique de différentes techniques. Nous poursuivrons avec la différence entre l'intuition et notre mental. En effet, c'est une question récurrente lors de mes stages et formations énergétiques ou médiumniques. Nous finirons notre approche en établissant le lien entre l'intuition et le troisième œil (siège de notre intuition) avec une méditation d'activation de ce chakra.

Qu'est-ce que l'intuition ?

La recherche scientifique, ainsi que nos propres expériences de vie démontrent que nous avons tous, en qualité d'humains, eu recours à notre intuition ou que nous en avons bénéficié dans une situation précise. Cela signifie que nous possédons tous cette capacité intuitive et que nous pouvons la développer avec de la pratique.

Au-delà du fait de nous guider comme un GPS intérieur, elle nous offre l'accès à un monde subtil et plus vaste que nous pouvons l'imaginer et à des perceptions insoupçonnées.

Comment pouvons-nous définir l'intuition sans l'enfermer dans une expression? C'est une question à laquelle il peut être difficile de répondre.

Nous pouvons trouver de nombreuses définitions de l'intuition. Il peut s'agir d'une petite voix intérieure ou d'un ressenti profond. Ce ressenti nous apparaît comme une évidence, une certitude, « nous ne savons pas comment nous le savons mais nous savons ». C'est aussi une conviction au cœur des contestations extérieures sans que nous puissions l'expliquer. Une vérité qui surgit et qui s'affirme en nous (en tout cas à l'instant T).

Ce qu'il est important de comprendre, c'est que l'intuition nous appartient et sa manifestation nous concerne, elle s'adresse à nous. C'est-à-dire que nous ne pouvons avoir de l'intuition pour une tierce personne. Si nous recevons un message pour quelqu'un d'autre, alors cela est de la médiumnité : clairaudience si nous entendons des mots, clairvoyance si nous avons des visions. Mais l'intuition est NOTRE petite voix intérieure, elle s'adresse à nous pour nous guider et nous conseiller.

Pour mieux appréhender le dernier point, prenons l'étymologie du mot « intuition ».

Il vient du latin *intuitionem* qui se découpe en deux parties. La première « in » qui signifie « dedans », « à l'intérieur » ou « en », et la seconde « tueri » qui signifie « regarder ». L'intuition est la capacité de regarder à l'intérieur de soi, en dedans de son être et ainsi d'avoir des informations qui nous sont destinées et de connaître les réponses. Elle se manifeste par des signes qui nous sont envoyés, quelles que soient leur forme : petite voix, ressentis, émotions. Ce n'est pas une capacité médiumnique car nous ne sommes pas sur le même plan vibratoire. Encore moins un don attribué à un cercle fermé d'élus. Il s'agit d'un processus cognitif. Ce qui signifie que nous sommes tous investis d'une intuition. Quant à notre capacité à l'entendre ou à la comprendre, c'est un autre débat que nous aborderons un peu plus loin dans ce chapitre.

Qu'est-ce qu'un processus cognitif ? C'est un mécanisme naturel de notre mental qui va se concentrer sur certaines informations reçues dans le but de nous alerter ou de nous informer. Je simplifie car l'objet de cet ouvrage n'est pas d'entrer dans un débat ou une étude scientifique autour de l'intuition. Pour autant, il est intéressant de s'y pencher juste en quelques mots pour affiner notre compréhension.

Rappelons que notre cerveau est une antenne et que nous sommes sans cesse connectés, que nous en soyons conscients ou pas. Il active un processus de traitement des informations qui proviennent de l'extérieur. Pour l'intuition, ce traitement s'opère de la même manière que pour les informations, mais la source est différente, puisqu'elles sont émises par le subtil. Nous sommes le Tout et possédons en nous toutes les réponses. Ce processus permet de ramener les informations à notre conscience.

Demeure cette question de savoir par quels moyens développer notre intuition afin de recevoir sa guidance et de percevoir sa manifestation dans notre vie.

Comment développer son intuition ?

Notre intuition est essentielle dans nos vies, elle nous relie à notre être profond et notre monde intérieur. Elle est le lien entre l'intérieur et l'extérieur, dans le sens où se manifestent à nous extérieurement les informations que nous détenons intérieurement. Ces informations sont essentielles à notre chemin de vie, qu'il soit spirituel ou non d'ailleurs. C'est une guidance juste et pertinente : chaque information arrive au bon moment et nous conduit là où nous devons être, telle une impulsion lorsque nous devons prendre une décision ou faire des choix de vie importants, qu'ils soient personnels, professionnels ou spirituels.

L'intuition nous éloigne de la peur. Pourquoi ? Car la peur est souvent liée au doute et à la projection du futur (qui n'existe pas encore). Lorsque nous sommes intuitifs, nous ressentons une conviction quant à nos choix et à la direction à prendre, nous sommes en confiance car nous agissons dans la certitude. Et même si nous ne connaissons pas l'issue de la situation, nous savons par intuition que notre choix est le bon. Ainsi, nous ne laissons aucune place aux doutes et aux projections.

Il existe des exercices très simples pour développer son intuition. C'est sous cet angle que nous ouvrons cette partie, car il est important que les techniques soient accessibles à tous d'une part, et de pouvoir aisément les intégrer dans son quotidien d'autre part.

En premier lieu, certaines règles de vie sont à observer pour développer son intuition.

Donner la place légitime à son intuition

Faire de la place à notre intuition et lui donner une place légitime consiste à lui faire confiance et à accepter que les messages qu'elle nous transmet soient dépourvus de logique et d'explications. Cet aspect, en effet, nous conduit souvent à mettre en doute notre intuition tellement les messages reçus ou ressentis nous semblent utopiques ou insensés. Pourtant, cette étape est essentielle à la manifestation de notre intuition.

Apprendre à écouter son intuition

Plus nous donnons de la place à notre voix intérieure, plus elle se manifestera et trouvera son assise. Nous sommes tellement occupés et préoccupés par des considérations matérielles que nous n'entendons pas cette voix, ou ne prenons même pas le temps de l'écouter. Pour ce faire, il faut savoir écouter notre entourage et notre environnement. Un constat est flagrant : nous écoutons pour répondre et non pour accueillir.

Avez-vous déjà écouté une personne sans vouloir l'interrompre, ou sans projeter à l'avance dans votre esprit (alors qu'elle s'exprime encore) ce que vous allez lui répondre ? Avez-vous déjà écouté une personne sans vouloir la conseiller ou la moraliser ? Juste écouter ?

Avez-vous déjà pris le temps d'aller dans la nature, de fermer les yeux et d'être attentif aux sons qui vous entourent sans laisser quelques pensées interférer ? Sans essayer d'interpréter ?

Je vous invite à le faire, et à le faire souvent.

Faire confiance à son intuition

Si vous doutez de votre intuition et ne lui donnez aucun crédit, elle s'étouffe et ne prend pas sa place.

Imaginons que vous êtes en couple. À chaque fois que votre conjoint ou conjointe vous révèle une information, vous le ou la traitez de menteur ou de menteuse et remettez en doute sa parole. Que va-t-il se passer ? Il ou elle risque de ne plus rien vous transmettre, puisque de toute façon, vous ne le ou la croyez jamais.

Pour l'intuition, c'est la même chose. La meilleure attitude pour avoir confiance en ses ressentis, c'est l'expérimentation. Écoutez votre intuition, testez les messages et les ressentis reçus, et constatez le résultat. Ainsi, au fur et à mesure, vous prendrez confiance en vous et en cette voix intérieure (sous un angle spirituel, c'est la même chose).

Mettre en place les messages de son intuition

Il est important de matérialiser les messages et les ressentis transmis par notre intuition, même si cela va à l'encontre de ce que nous souhaitons ou de ce qui nous semble juste ou meilleur pour nous.

Malgré ce conseil, je rappelle que nous disposons évidemment de notre libre arbitre et que nous pouvons, à ce titre, choisir en toute liberté la voie (et la voix) qui nous semble juste. Même si celle-ci va à l'encontre de notre première intuition. Cela reste notre choix et il nous appartient.

Poser cette intention d'être guidé

Connectez-vous à votre intuition chaque matin, comme vous vous adresseriez à une compagne, un guide dans cette journée. Il ne faut pas négliger le pouvoir de l'intention.

Poser cette intention d'être guidé ouvre votre champ énergétique pour accueillir cette intuition et tient lieu d'autorisation à recevoir les informations que vous devez recevoir pour être guidé.

Vous formez un tout avec votre intuition, cette guidance est une collaboration qui demande votre implication.

Être attentif aux signes !

Nous demandons souvent à recevoir des signes, des réponses ou des messages pour nous guider dans notre vie, mais ne prêtons pas toujours attention à la manifestation subtile.

Il faut être aux aguets, sans pour autant projeter le signe en imaginant à l'avance ce qu'il sera et la forme qu'il prendra.

Nous avons différentes passerelles de communication. Cela peut consister à trouver une plume par terre à un endroit précis, ou lire une heure miroir à un instant clé ou encore une vision dans un rêve. Cela peut aussi passer par une tierce personne (dans le cas de la réponse que nous avons abordée dans le chapitre 1, voir p. 22), ou une phrase lue dans un livre. Bref, les exemples sont nombreux. Les signes sont partout et tout autour de nous, car nous sommes continuellement guidés, mais notre esprit est souvent trop occupé pour les voir ou les comprendre.

La confiance en soi

Cela peut paraître évident, mais le manque de confiance est l'un des facteurs les plus bloquants de notre intuition. Dans ce cas, nous avons tendance à aller chercher à l'extérieur la réponse ou la confirmation d'une information que nous avons reçue.

Le manque de confiance nous conduit à douter de ce que nous ressentons car personne ne nous a appris que nous pouvons agir par nous-mêmes et que nous possédons toutes les réponses en nous.

Il semble impératif que cette confiance en soi soit réparée, développée et mise en lumière. Pour cela, un accompagnement en développement personnel ou spirituel peut s'avérer nécessaire afin de comprendre les raisons de ce manque de confiance. Il est la conséquence d'une source plus profonde : trauma, rejet, illégitimité, hypersensibilité, etc. Dans ce cas, on se coupe de ses émotions dans un but de protection et, par là même, on se coupe de son intuition.

Afin de vous aider à mettre en lumière un éventuel manque de confiance, je vous invite à effectuer l'exercice qui suit. Son but n'est pas de développer votre intuition mais de comprendre votre mode de fonctionnement à travers votre confiance (en vous et par voie de conséquence en votre intuition). Il met en œuvre l'utilisation de votre intuition dans une situation précise.

Pour cet exercice, équipez-vous d'un cahier qui lui sera dédié. En effet, afin d'avoir des résultats concrets, il faut le pratiquer dans toutes les situations où votre intuition est nécessaire : décisions à prendre, choix à faire, actions à entreprendre.

Exercice de confiance en soi

Lorsqu'une situation de vie se présente où un choix, une décision est à prendre ou une action à entreprendre, posez-vous les quatre questions suivantes et répondez-y le plus honnêtement possible.

Vous n'êtes pas obligé de répondre aux quatre questions au même moment. Si vous éprouvez des difficultés à répondre à une question, laissez-la de côté quelques jours et revenez-y plus tard.

En revanche, il y a deux impératifs : ne pas laisser une question sans réponse et respecter l'ordre des questions.

Les questions sont :

- Quelle est la situation actuelle ? (Décrivez votre situation, quel choix ou décision vous devez prendre, quels sont vos hésitations et/ou vos doutes.)
- Quels sont mes ressentis ? (Exprimez vos émotions, vos sensations tant physiques que morales face à cette situation.)
- Quelle décision ai-je prise ? (Posez dans la matière la décision que vous avez prise dans cette situation précise et les raisons pour lesquelles vous avez fait ce choix.)
- Quel a été le résultat ou la suite de votre décision ? (Cette réponse demande plus de temps et surtout que le changement ou que l'effet soit constaté.)

Ce qui est intéressant dans cet exercice, c'est d'établir un constat entre ce que vous avez ressenti, la décision prise (c'est-à-dire en tenant compte de votre intuition) et la suite des événements.

Une ultime question pour clore cet exercice :

- Est-ce que votre décision a été prise en considération de vos ressentis ou après consultation d'une tierce personne ?

Si vous avez fait le choix, pris la décision et entrepris l'action en vous fondant sur votre intuition, cela renforce votre confiance ; dans le cas inverse, vous donnez votre pouvoir à une tierce personne.

Développer sa créativité

Nous sommes créations et créateurs. La créativité ne se limite pas aux arts : dessiner, écrire, chanter ou danser, etc. En effet, planter des graines ou des fleurs dans son jardin est un acte de création. Mettre en ligne le site internet de son entreprise est un acte de création, tout comme proposer un nouveau programme ou cuisiner une bonne tarte aux fraises. Décider d'avoir un enfant est aussi un vœu de création. Cela fait appel à notre être créateur dans la matière. Nous sommes les créateurs de notre vie. Nous reconnecter à cette part de nous-mêmes, nous relier à la source, à la création, cela a pour effet de nourrir et d'éveiller notre intuition (et aussi nos capacités).

Tout est énergie. En créant, nous activons cette énergie créatrice en nous, qui n'est autre que l'énergie de la vie, du divin. D'ailleurs, lors de mes stages, j'ai pu faire ce constat que de nombreuses personnes « canalisent » lorsqu'elles peignent, dansent ou créent un bijou par exemple. Certains nomment cela l'« inspiration ». Pour ma part, j'irais plus loin en disant que c'est de l'intuition, voire de la canalisation.

Écouter l'autre sans répondre

Ce point de développement de notre intuition est l'un des plus importants, en tout cas, selon mon approche. Je l'ai déjà évoqué, mais il me semble nécessaire d'insister. « Écouter l'autre sans répondre » : qu'est-ce que cela peut bien vouloir dire ? Cela signifie écouter l'autre, celui qui nous parle ou se confie, sans pour autant chercher à répondre, juste écouter.

N'avez-vous pas remarqué que dans la majorité des situations, lorsqu'une personne nous parle, avant même qu'elle ait terminé son histoire et son discours, nous avons déjà une réponse en tête et nous nous impatientons à vouloir lui répondre ? Dès lors, nous n'écoutons plus ce qu'elle dit en totale conscience, mais pour lui répondre ou lui prodiguer un conseil, voire raconter notre propre expérience sans prendre le temps d'être présents pour cette personne. Nous entendons, mais nous n'écoutons pas. Or ce sens de l'ouïe est essentiel pour nous relier à notre intuition, et cette écoute passe déjà par l'écoute physique.

Tentez cet exercice, lors d'un échange, de prendre le temps d'observer vos pensées et votre ressenti.

Et de choisir d'écouter cette personne en face de vous « sans vouloir répondre », que ce soit physiquement ou intérieurement. Et même si l'envie de répondre vous taraude, faites le choix d'éteindre cette envie et de laisser place uniquement à l'écoute.

Que se passe-t-il ?

Le but de cette conscientisation est d'éveiller en vous le lien entre l'intuition et les sens, les ressentis. C'est une capacité sensorielle. Donnez de la place à vos sens et vous constaterez que votre intuition se manifeste amplement dans votre vie.

Ralentir et désencombrer sa vie

Tout va vite de nos jours. C'est la course ! Pour se lever, pour s'habiller, pour manger, pour aller travailler... Nous n'avons plus le temps.

Peu d'espace pour soi ! Le travail, les écrans, les « il faut » ou « je dois » emplissent notre espace, laissant peu de place à notre bien-être, au calme et au lâcher-prise.

Nous sommes guidés par le bruit du monde, de la technologie et de l'industrie. En oubliant nos vraies racines : la nature, le soleil, l'eau, le repos et le silence.

Il n'est pas question de vivre obligatoirement dans une cabane en bois au fin fond d'une forêt. Mais d'équilibrer entre la matière et le monde dans lequel nous vivons et tout ce que cela implique, et notre monde intérieur fait de paix, de douceur et de lumière et auquel nous accédons grâce à la nature, au silence et au calme.

Il est important aussi de désencombrer notre champ énergétique. C'est-à-dire nous libérer des blessures, traumas et peurs que nous portons depuis notre conception, ou de l'inconscient collectif familial (le karma familial).

Désencombrer, cela concerne aussi notre esprit : faire le vide en réglant nos soucis, en nous organisant, et en évitant de procrastiner, voire de fuir nos responsabilités.

Un accompagnement de développement personnel peut s'avérer nécessaire pour avancer sur ce chemin.

Afin de vous aider à développer votre intuition, que ce soit sous l'angle de sa manifestation ou de celui de son écoute et de sa compréhension, je vous propose des exercices à pratiquer régulièrement. Vous les trouverez en fin de ce chapitre 3 (voir p. 73).

Comment distinguer l'intuition du mental ?

Pour être honnête, c'est l'une des principales questions que mes stagiaires me posent lors des stages de médiumnité : « Comment fait-on la différence entre notre intuition et notre mental ? »

Je peux concevoir que cette distinction n'est pas aisée, et pas toujours évidente à faire. D'autant plus que notre intuition déploie mille expressions et que notre mental est un grand farceur.

Comme je l'ai déjà évoqué, il est important de préciser (d'où la répétition de cette information) que le mental n'est pas à détruire, ni à tuer. Soyons heureux d'avoir un mental qui nous permet de réfléchir, résoudre, questionner, penser et aussi nous organiser.

Mais il ne doit pas être le premier à parler et encore moins le premier à nous guider. En revanche, nous ne pouvons l'empêcher de s'exprimer, c'est ainsi, nous sommes faits comme cela. En notre qualité d'humains, soixante mille pensées traversent notre esprit par jour ! Plutôt que de vouloir les supprimer ou leur résister, il nous faut apprendre à en être les spectateurs, et non les acteurs.

La première différence entre intuition et mental, et sûrement la plus facile à distinguer, est la temporalité. C'est-à-dire que l'intuition est immédiate ! C'est instinctif, il n'y a pas de temps pour la réflexion, la pensée ou le questionnement. L'intuition peut même se manifester simultanément au moment concerné alors que vous ne l'avez pas provoquée.

Dès lors que la réflexion, le doute ou un questionnement apparaît, que la véracité de l'information ou de la réponse liée à la situation est remise en question, c'est le mental qui agit.

Pour mieux appréhender le sujet, je vous expose un exemple.

> *Vous êtes en compagnie d'un ou d'une de vos amis (à la fac, au travail, au sport...) et il ou elle vous propose de l'accompagner prochainement à un concert. À cette annonce, vous êtes enthousiaste, cette proposition vous réjouit et vous trouvez cette idée extraordinaire. Cela provoque une vraie joie au fond de votre être. C'est un ressenti qui s'exprime, un message intuitif car ce sont vos sens qui réagissent. Si nous nous fions aux ressentis, il semble que vous serez à votre place en compagnie de votre ami ou amie pour ce concert.*
>
> *La journée se passe, vous rentrez le soir chez vous, et vous commencez à douter de votre envie d'aller à ce concert. Vos pensées tournent autour de « c'est tard, je vais être fatigué », « et si je n'aime pas le concert », « en plus le lendemain, je travaille », etc. Ces doutes ou peurs viennent de votre mental. Ils vont à l'encontre de votre ressenti premier qui était de la joie.*
>
> *Je tiens à apporter une nuance qui n'est pas dénuée d'intérêt : vous pouvez aussi, le jour du concert, ressentir que quelque chose de négatif va se dérouler alors que rien ne laisse présager une telle pensée. Par exemple, au moment où vous entrez dans votre véhicule pour rentrer chez vous après la journée de travail et vous préparer à cette merveilleuse soirée, vous avez ce ressenti que vous allez rencontrer votre ex au concert et que les choses vont mal se passer (ce n'est qu'un exemple !). Alors, cette pensée ne relève plus du mental mais de l'intuition, et il peut être prudent de l'écouter.*

Il faut savoir que les doutes et la peur sont une manifestation du mental car notre âme sait ce qui est juste et bon, elle ne doute pas du chemin, ni de la destination. C'est notre qualité d'humain qui initie en nous le doute et la peur. Selon moi, il existe deux piliers principaux dans nos questionnements : l'amour ou la peur. Lorsque nous doutons d'un choix, que nous hésitons à prendre une décision ou à entreprendre une action, les questions à nous poser sont les suivantes :

Est-ce que ce choix est fait par peur ou par amour ?

Est-ce que cette décision est prise par peur ou par amour ?

Attention, l'amour dont il est question ici est l'amour de soi. Il peut s'agir aussi de l'amour des autres, dès lors qu'il ne cache pas un manque de reconnaissance, une dépendance affective ou une peur de ne plus être aimé.

La deuxième différence entre l'intuition et le mental est plus subtile, dans le sens où elle est plus difficile à cerner. En effet, elle se situe dans son expression au sens propre, c'est-à-dire le message qui est laissé, quelle que soit sa forme (ressenti, mot, vision).

Comme je l'ai déjà évoqué au début de ce chapitre, l'intuition nous transmet des informations pour nous-mêmes. Elle annonce deux types de message :

1. Une bonne nouvelle, une validation, une bénédiction ou une direction à prendre : dans cette hypothèse, l'intuition nous dit « oui » ou « non » à la question qui se pose, au choix à faire ou à l'action à entreprendre. Cela nous permet de nous positionner et d'avancer dans la situation.
2. Un danger : l'intuition nous alerte d'un danger, d'une situation négative, d'une personne dont il faut nous méfier. Pour autant, malgré les avertissements de notre intuition, nous restons seuls décisionnaires de nos choix de vie.

J'entends vos protestations parce que vos ressentis concernant une personne ne se sont pas révélés justes dans la continuité de la relation ou ceux concernant une situation dont l'issue n'a pas été celle que vous auriez espéré. D'abord, non, vous n'avez pas une mauvaise intuition (l'intuition ne peut être que bonne) ; ensuite, il y a une explication à cela.

En effet, certaines rencontres ou expériences de vie sont nécessaires à notre évolution. Lorsque notre intuition nous conduit à une personne mais que celle-ci finit par nous abandonner ou nous trahir, cela fait partie de notre chemin. Certes, cette affirmation n'enlève rien à la souffrance et la douleur que nous avons subies au cours de la relation ou lors de la rupture, mais c'est une manière pour l'Univers de mettre en lumière nos blessures et de les guérir.

Dans l'Univers, l'espace-temps n'existe pas, de même que la notion de bien ou de mal. Il n'existe qu'un moment présent et des expériences qui deviennent des souvenirs. L'âme nous amène donc parfois sur des chantiers sombres afin de mieux trouver notre lumière. Il n'y a que lorsque nous sommes plongés dans l'obscurité que nous cherchons la lumière.

Maintenant que nous avons évoqué la nature des messages de l'intuition, penchons-nous sur celle des messages de notre mental.

Ils sont totalement différents de ceux de notre intuition. Ce sont des messages de peur, de doutes, de remises en question sur soi, sur les autres, sur les circonstances. Le mental projette la situation dans les pires conditions. Ces projections peuvent nous donner l'impression de nous protéger et nous éviter le pire mais cela est faux, elles nous enferment dans la peur d'une situation ou d'une personne, et nous empêchent d'être dans le moment présent et dans la paix intérieure. Évidemment, derrière ce besoin de protection se cachent aussi les pierres de notre passé douloureux et des souffrances liées à notre vécu. Aussi nous faut-il être en paix avec nous-mêmes (et les autres) pour calmer ce mental, ses projections ou ses manifestations et, au-delà, les peurs.

Dernier point important de différenciation : notre mental et notre intuition n'émanent pas du même chakra. Nos ressentis se manifestent à des endroits différents dans notre corps.

L'intuition est liée au cœur et au troisième œil (sensation entre le cœur et le front), alors que le mental s'exprime avec le chakra du plexus solaire (notre plexus et notre ventre), c'est-à-dire par nos émotions. La différence tient dans le fait que notre cœur est pur, et notre plexus est chargé de l'émotionnel, ce qui nous conduit à réagir avec nos émotions et à nous identifier à elles.

Cela entrave la bonne expression de notre intuition. Nous réagissons et ressentons en fonction de nos émotions et de la mémoire de celles-ci, alors que nous ne devrions pas tenir compte de notre passé et de nos empreintes émotionnelles.

Mais cela signifie que nous avons la possibilité de distinguer notre mental de notre intuition par l'écoute des sensations dans notre corps. En effet, le ressenti corporel n'est pas le même. Lorsque l'intuition se manifeste, cela active dans un premier temps notre troisième œil. Les sensations vont alors se situer au niveau du crâne, du front, nous pouvons sentir comme une pression sur le haut de la tête, mais aussi les tempes. Ensuite, cela se manifeste dans la poitrine, avec par exemple de la chaleur, des battements de cœur plus intenses, une pression sur le chakra du cœur (voire de la gorge), mais également dans le dos au niveau de l'alignement de notre chakra du cœur.

Lorsque c'est le mental qui est en action, les sensations se situent dans le ventre : douleurs abdominales, nausées, ou sensations de contraction, de pression ou de douleur voire de blocage au niveau du plexus. Par la suite, cela peut aussi s'exprimer par des problèmes de digestion, ou un manque d'appétit.

Ce dernier point de différenciation est difficile à déceler. Nous n'écoutons pas assez notre corps, qui ne cesse pourtant de nous parler. Notre corps porte en lui toutes les informations cellulaires. Apprenons à l'écouter lorsque nous devons agir, ou lorsque celui-ci s'exprime à travers une sensation.

Au-delà de savoir faire la différence entre le mental et l'intuition, cette attention portée à notre corps nous permet de connaître son langage et ainsi de pouvoir interpréter ses messages par le biais de nos sensations et de nos maux.

Ce dernier point nous conduit à étudier plus en détail le lien entre notre intuition et notre chakra du troisième œil.

L'intuition et le troisième œil, le chakra Ajna

Ce que nous nommons le «troisième œil» est un chakra. Il se nomme en sanskrit «Ajna». Il est notre œil divin, c'est l'œil qui voit au-delà de ce qui est visible, c'est-à-dire au-delà de la matière, de ce que nous pouvons ressentir avec nos cinq sens.

Cette vision est divine et reliée à l'intuition; elle est donc détachée de notre mental et de la matière.

Qu'est-ce que le chakra Ajna? En sanskrit, *Ajna* signifie «commandement» ou «perception», qui se définit selon trois sens: percevoir, savoir, et diriger.

Percevoir: percer le voile de l'illusion et voir notre vérité et le monde subtilement.

Savoir: accéder à la connaissance des lois de l'univers.

Diriger: laisser s'exprimer notre intuition pour nous guider et éveiller notre dirigeant intérieur.

Le chakra Ajna désigne, au-delà des yeux, un troisième regard, qui symbolise la connaissance de soi. De plus, la représentation du chakra du troisième œil contient deux éléments fréquemment associés à la sagesse: le triangle pointant vers le bas et la fleur de lotus.

Ce chakra met en lumière notre intuition et développe notre capacité médiumnique de clairvoyance. Il est le siège de l'âme éveillée, c'est-à-dire de notre conscience. Nous agissons en conscience grâce à notre intuition qui nous indique la voie de notre chemin de vie.

Sa fonction première est l'ouverture d'esprit et l'imagination qui aident à la clairvoyance, afin d'activer notre écran et nos visions intérieurs. Par l'ouverture de notre troisième œil, notre perception est plus grande et différente que notre vue et les sensations ordinaires (dans la matière). C'est une perception plus sensible et subtile du monde dans lequel nous vivons, de la réalité (ce que je nomme la réalité ordinaire), mais aussi de notre propre monde intérieur, c'est-à-dire notre réalité non ordinaire.

Le chakra Ajna est un vecteur énergétique puissant de connexion, d'inspiration mais aussi de créativité. Ce détail est important car il nous indique que l'intuition ne se limite pas à transmettre des messages quand nous la sollicitons, mais c'est une vraie parole sur notre chemin, pour nous guider et nous créer à travers nos choix et l'expression de l'être que nous souhaitons devenir.

Un exemple très parlant : la peinture intuitive. Elle est l'expression d'un ressenti subtil par le biais d'une canalisation, d'une vérité et d'une créativité.

Lorsque le chakra Ajna est bloqué, cela entraîne des conséquences sur nos visions de clairvoyance et sur la réception des messages de notre intuition. Il existe différentes possibilités pour le débloquer ou l'activer :

- La méditation (en se concentrant sur son chakra du troisième œil).
- Des exercices d'ouverture du troisième œil, par exemple en se concentrant sur une bougie et en imaginant son troisième œil qui s'ouvre, ou en imaginant l'exposer à la lumière.
- Suivre les instructions données ci-après pour développer son intuition (car, inversement, le fait d'écouter son intuition aide à l'ouverture du troisième œil).
- Porter sur soi des pierres liées au troisième œil : lapis-lazuli, turquoise, sodalite, par exemple.

Exercices pour développer son intuition

Pour développer son intuition, la première règle est de faire confiance à ses ressentis. Nombreux sont ceux qui captent les messages, mais leur manque de confiance crée une barrière quant à la véracité du message reçu (et à sa transmission). Pour gagner en confiance en matière d'intuition et de médiumnité, l'expérimentation est la meilleure méthode.
Développer notre confiance ne consiste pas à bien faire ou à exceller dans ce que nous connaissons et maîtrisons déjà, mais justement d'oser faire ce que nous n'avons jamais fait. La confiance en nos ressentis naît et se renforce d'une part en

étant à l'écoute de notre corps et, d'autre part, en osant des expériences qui vont permettre d'amplifier nos capacités de clair-ressenti.
Expérimenter à travers son clair-ressenti aide donc fortement au développement de l'intuition. Car nous utilisons nos sensations corporelles énergétiques, c'est-à-dire que c'est l'énergie de la présence que nous ressentons : soit de la chaleur, du froid, une caresse. Certes, nous avons la sensation que la présence, l'esprit ou l'entité nous touche, mais c'est par son champ énergétique que ce ressenti existe.
Je vous propose des exercices simples, que vous pouvez facilement reproduire chez vous, en toute autonomie. Ils ont pour but de développer votre intuition, votre clair-ressenti et aussi la télépathie.

Le tirage de cartes

Cet exercice est très simple et demande peu d'investissement, juste de vous laisser guider par votre intuition.

- Prenez un moment pour vous et installez-vous à une table, sur le canapé ou dans un lieu où vous serez seul et tranquille.
- Ne cherchez pas à vous conditionner à l'exercice.
- Équipez-vous d'un jeu de 32 cartes (pour commencer).
- Mélangez les cartes.
- Ensuite, le dos des cartes face à vous, vous allez retourner les cartes, une par une, en essayant de deviner avant la couleur de la carte (noir ou rouge).
- Lorsque vous vous sentez à l'aise, vous les retournez en devinant les différents symboles (cœur, carreau, trèfle, pique).

Cet exercice aide aussi à la concentration et au lâcher-prise : être seulement à l'écoute de ses ressentis et de son intuition, sans réflexion ni mentalisation.

La télépathie

La télépathie n'est pas un don mais une communication ou une transmission de pensée qui est ouverte à tous et toutes. Il faut, là aussi, se faire confiance, apprendre à calmer son mental et être à l'écoute de son corps et de sa voix intérieure.

Pour cet exercice très simple de télépathie, vous devez être deux personnes :

- Vous vous placez dos à dos en position debout.
- Prenez trois grandes respirations pour calmer le mental.
- Ensuite, vous choisissez dans votre esprit une partie du corps et vous posez toute votre intention et votre concentration sur cette partie.
- L'autre est en accueil afin de deviner quelle est cette partie du corps que vous avez choisie.
- Faites l'exercice pendant une minute (utiliser un chronomètre).
- Ensuite échanger les rôles pour un second essai.

Le pendule interne

Le pendule interne est la capacité de notre corps à répondre à nos questions par oui ou non. Effectivement, notre corps connaît toutes les réponses, il détient dans ses cellules toutes les informations.

Je vous invite à vous placer debout au centre d'une pièce. Relâchez les épaules et faites cinq grandes respirations profondes. Ensuite demandez à votre corps à haute voix : « Où est ton OUI ? »

Laissez votre corps réagir. Selon les personnes, il va soit basculer en avant ou en arrière. Notez la direction du balancement pour le oui.

Ensuite, demandez-lui : « Où est ton NON ? »

Identiquement, observez son mouvement afin de déterminer comment se manifeste le non.

Tel le pendule divinatoire (objet), votre corps réagit avec un balancement pour indiquer une réponse positive ou négative.

Utiliser notre pendule interne le plus souvent possible offre à notre corps la possibilité de s'exprimer et cela développe en nous nos ressentis. Le corps, dans ce cas, est un outil (comme le serait le pendule) entre notre âme et notre mental, afin de nous faire passer un message. Il est préférable que les questions posées nous concernent nous et non une tierce personne.

Les objets cachés

Avec cet exercice, nous entrons dans un domaine plus médiumnique qu'intuitif, car nous utilisons notre canal pour avoir des informations (qui sont données par notre âme ou notre subconscient).

Demandez à une personne de cacher un objet dans votre maison ou votre appartement. Par la concentration, la réception d'images ou un simple ressenti énergétique, vous allez essayer de découvrir où il se trouve.

Dans un premier temps, visualisez l'objet en vous connectant à son énergie. Ensuite, essayez de deviner l'endroit en commençant par exemple à vous demander s'il est à l'intérieur de quelque chose ou d'une pièce, ou à l'extérieur, etc. Évidemment, il ne faut pas utiliser votre pendule, mais vous poser les questions intérieurement et écouter la réponse, que ce soit un ressenti, une image ou un son (un oui ou un non).

Cela peut prendre du temps au début ou lors des premiers essais, et c'est normal. Comme pour toute pratique, plus vous allez vous exercer plus vous vous sentirez à l'aise et vous aurez de plus en plus de ressentis ou de réponses. Il faut donc persévérer.

Les formes

Cet exercice est proche du précédent. Dans cette pratique, nous cachons dans une enveloppe une forme géométrique (simple au départ comme un triangle, un carré, etc.) dessinée ou imprimée sur une feuille.

Demandez à une personne de choisir la forme et de placer l'image dans une enveloppe. En vous mettant dans un état de connexion, essayez de deviner de quelle forme il s'agit.

Si vous n'y parvenez pas, tentez tout de même de voir des images, des couleurs ou tout autre élément qui pourraient vous fournir des indications sur la forme cachée.

Laissez-vous guider par votre ressenti et votre intuition, qui peuvent, parfois, être immédiats.

Il arrive en effet, dans certaines situations, que notre intuition nous donne immédiatement la réponse. Mais nous laissons alors le doute prendre le dessus, nous allons réfléchir et donc mentaliser le ressenti et répondre autre chose, alors que nous avions la réponse dès le début.

Deux conseils :

- Faites-vous confiance.
- Amusez-vous (cela vous permettra de lâcher prise).

Nous terminons ce chapitre par une méditation d'activation du troisième œil, le chakra Ajna.

Méditation d'activation du troisième œil

Installez-vous dans un fauteuil, sur une chaise ou sur un banc à l'extérieur, ou même sur le sol, sur un tapis ou dans l'herbe. L'important est que vous soyez dans une posture confortable.
Soyez conscient de l'environnement dans lequel vous vous trouvez.
Prenez une grande et profonde respiration.
Fermez les yeux, et faites trois amples respirations ventrales :

- Inspirez avec le ventre (gonfler le ventre en inspirant) sur quatre temps.
- Bloquez votre respiration sur quatre temps.
- Expirez en vidant votre abdomen, par un souffle contrôlé, sur six temps.

Revenez à une respiration normale. Prenez conscience de tous les points d'appui de votre corps sur la matière, selon votre position. Vos fesses assises sur le tapis ou la chaise, votre dos sur le dossier de la chaise ou du fauteuil, vos cuisses posées sur le sol, vos plantes de pied sur le sol, ou les talons dans l'herbe.
Ensuite, mettez votre conscience, c'est-à-dire votre concentration ou la visualisation d'une lumière, au niveau de :

- vos pieds ;
- vos chevilles ;
- vos mollets ;
- vos cuisses ;
- vos hanches ;
- votre ventre ;
- votre taille ;
- votre abdomen ;
- votre poitrine ;
- vos épaules ;
- votre bras droit ;
- votre bras gauche ;
- votre nuque ;
- votre menton ;
- vos oreilles ;
- vos yeux et vos joues ;
- votre nez ;
- votre front ;
- votre crâne.

Ensuite, portez votre attention à votre troisième œil qui est situé entre les deux yeux, au niveau des sourcils. En conservant les yeux fermés, placez votre regard sur ce point le plus longtemps possible. À chaque respiration, vous activez votre concentration sur ce centre énergétique.

- À l'inspiration : visualisez une lumière qui agit dans votre troisième œil.
- À l'expiration : imaginez que la lumière se diffuse dans votre crâne, vos yeux, votre nez et vos joues.

Commencez à le sentir légèrement chauffer, soyez à l'écoute de vos ressentis, gardez toujours votre attention sur cette lumière. Le troisième œil est en lien avec la glande pinéale, le centre énergétique de la vision intérieure mais aussi de l'intuition. Maintenez cette vision pendant plusieurs minutes. Commencez par 5 à 7 minutes sur les premières méditations. Ensuite vous pouvez passer à 10 ou 15 minutes.
Puis, revenez doucement à votre respiration. Bougez légèrement vos membres inférieurs et supérieurs pour reprendre contact avec votre corps. Enfin, ouvrez les yeux et revenez dans le moment présent.
En effectuant cet exercice régulièrement, vous activerez votre glande pinéale et vous apprendrez à utiliser son pouvoir créateur.
Conseil : si vous pratiquez cette méditation plusieurs fois par semaine, vous pouvez la faire dans un temps plus court en passant directement de la respiration en conscience pour la relaxation à la visualisation de la lumière au niveau de votre troisième œil.

Chapitre 4

Les peurs et les blocages

« Le remède contre la peur est l'amour. »

Évangile selon saint Jean (4:18)

Les peurs et les blocages émotionnels sont les premiers facteurs qui entravent la manifestation et le développement de nos capacités médiumniques.

Les peurs agissent par le biais de notre comportement, c'est-à-dire que pour nous sécuriser et nous sentir en confiance, nous adoptons un comportement type : le contrôle. En effet, notre mental nous fait croire que si nous contrôlons la situation, tout se passera très bien. Dès lors, nous manquons de lâcher-prise, et nous ne parvenons pas à nous détacher du déroulement et de l'issue de la situation.

La peur est une projection d'un futur que nous imaginons se réaliser dans les pires conditions. Elle émane de mémoires que nous portons, et fait sonner dans notre esprit une alerte « danger ». Mais le futur n'existe pas encore et cette anticipation n'est que le fruit de notre mental qui reste programmé sur des événements passés et projette ainsi une issue négative par l'information d'une douleur ou d'une souffrance vécue.

La peur est aussi la conséquence de blocages émotionnels, c'est-à-dire des émotions que nous avons cristallisées lors de notre enfance. Nous les avons ressenties mais nous ne les avons pas exprimées ou évacuées. Cela rejoint ce que nous nommons aujourd'hui « l'enfant intérieur ».

Nous aborderons ce chapitre sur les peurs et les blocages en cinq parties. La première est dédiée à comprendre les peurs en déterminant leurs raisons. La deuxième est ciblée sur l'enfant intérieur et, de ce fait, nos blocages émotionnels. Nous approfondirons à travers les différentes blessures et les peurs nocturnes qui sont souvent un indice de capacité médiumnique. Nous évoquerons dans la dernière partie le lâcher-prise et son lien avec nos capacités médiumniques. Et nous expérimenterons un exercice de conscientisation du contrôle, avec pour finir une méditation de pleine conscience pour libérer nos peurs infantiles liées à nos capacités.

Quelles sont les peurs du médium ?

Les peurs ne sont pas un hasard dans nos vies. Aussi faut-il distinguer nos différentes peurs, notamment la peur alerte (celle qui nous avertit d'un danger) et la peur salutaire (celle qui nous indique un blocage). Pour cette dernière, j'emploie le terme de « salutaire » dans le sens où cette peur nous permet de mettre en lumière nos blocages émotionnels et ainsi de nous offrir l'opportunité de les libérer.

Le médium doit connaître la différence entre ces deux types de peur, afin de savoir si elle le bloque ou justement l'alerte contre un danger, qu'il soit physique, moral ou énergétique.

Pour nos comportements, qu'ils relèvent de la peur salutaire ou de la peur alerte, la réponse est identique : le contrôle de la situation pour nous rassurer ou la fuite afin d'éviter le problème. Alors qu'il faudrait justement prendre en compte l'information pour libérer l'émotion ou anticiper le danger pour tuer dans l'œuf l'ancrage de la peur.

Faire la distinction entre la peur salutaire et la peur alerte est comparable à faire la distinction entre l'intuition et le mental. La peur alerte nous sert, à l'identique de notre intuition, et la peur salutaire nous dessert à l'identique du mental, sauf si nous décidons de comprendre la source de notre peur, de l'identifier et de la libérer. Dès lors, elle devient un allié.

Généralement, nous pouvons faire la différence lorsque nous prenons le temps de nous écouter, car la peur est un message de notre âme. Oui, la peur n'est pas mal en soi, même si elle peut prendre l'habit de l'ego pour se présenter à nous. Elle nous dit « libère-toi » ou « protège-toi ».

Pour le médium, les deux peurs ont leur importance. En effet, la peur salutaire le conduit à comprendre que la contre-manifestation de ses capacités médiumniques a pour source des blocages émotionnels, alors que la peur alerte l'avertit d'un danger avéré. Cela dit, nous nous attarderons ici uniquement sur la peur salutaire afin de travailler sur les éventuels blocages que nous pourrions ressentir dans le développement de nos capacités extrasensorielles.

Le problème tient dans le fait que même si la peur salutaire est là pour nous libérer, nous la fuyons ou la contrôlons et ce blocage crée la peur de la peur. Dans cette situation, soit nous allons préférer éviter de nous confronter à l'expérimentation de nos capacités, soit nous essayons de contrôler le déroulement et l'issue de l'expérimentation.

Comment cela se manifeste ? Prenons l'exemple d'un atelier proposant un exercice de communication avec les guides par un voyage vibratoire.

Deux cas de figure peuvent se présenter. Dans le premier cas, la personne va fortement hésiter à s'inscrire car elle craint de ne pas réussir à voir, à ressentir ou à entendre ses guides. Il s'agit de l'attitude du fuyant. La personne préfère fuir plutôt que se confronter à l'expérimentation. Elle projette le déroulement de la séance (en imaginant que cela ne fonctionnera pas) alors que ce futur n'existe pas encore. Elle est guidée par ses peurs et le doute quant à son potentiel. Nous étudierons la cause de cette fuite dans la deuxième partie.

Dans le second cas, la personne, inconsciemment le plus souvent, va contrôler le déroulement et l'issue. Elle va se placer elle-même dans une projection en imaginant le voyage et sera dans l'attente précise de ce qu'elle va voir, entendre et ressentir. La difficulté réside dans le fait que le contrôle et l'attente sont impulsés par le mental. Ce manque de lâcher-prise entrave la bonne circulation de l'énergie et l'état de conscience modifiée qu'il est nécessaire d'incarner pour capter la vibration des guides.

Assurément la personne sera déçue de son voyage, n'aura pas réussi à voir, à entendre et à ressentir car son contrôle la maintient dans un état de normalité, et l'empêche de s'aligner avec la fréquence de ses guides. Dans la première hypothèse, la personne doutera de ses capacités et, en l'absence d'expériences concrètes, pensera qu'elle ne peut pas communiquer avec ses guides.

Cette peur peut prendre différentes formes :

La première expression de la peur est celle de voir, entendre, ressentir (les esprits, entités, etc.). Cette peur est plus répandue que nous l'imaginons et cela pour une raison bien précise : la technologie. Je m'explique. Aujourd'hui, à travers l'approche de la médiumnité proposée par le cinéma ou les séries, nous pouvons découvrir qu'il existe un monde énergétique du bas astral au sein de notre monde en trois dimensions (le monde intermédiaire). Le bas astral est un espace énergétique de très basses et très lourdes vibrations. À cela viennent s'ajouter de nombreuses représentations du diable ou de Satan, et bien d'autres monstres sombres et effrayants. On ne peut nier qu'il y a, en parallèle de notre monde de matière, un monde énergétique de basses énergies, mais cela ne ressemble en rien à ce que nous montrent les films et les séries. Il faut se détacher de ces images dont le seul but est d'avoir le maximum de téléspectateurs.

Il est évident que cette peur bloque la manifestation de nos capacités, et non nos capacités. En effet, il est important de préciser que la peur ne bloque pas nos capacités, qui font partie intégrante de nous. C'est notre nature profonde, nous sommes des êtres multidimensionnels. Mais la peur obstrue le canal qui va de l'émission à la réception des messages, quelle que soit leur manifestation (vue, son, etc.), et limite également la confiance en nos ressentis.

La deuxième expression de la peur est celle de savoir, de connaître les prédictions, de découvrir des informations sur nous-mêmes ou notre passé. Il faut prendre en compte cet aspect qui est loin d'être négligeable dans notre chemin de vie. En effet, il peut être traumatisant de découvrir que l'on a par exemple été rejeté à sa naissance ou adopté. Lors de consultations de lecture d'âme ou des archives akashiques, j'ai pu lever le voile sur des abus sexuels subis par une consultante, qui était dans le déni de l'événement. Ce phénomène, très fréquent lors de chocs émotionnels très intenses, se nomme l'amnésie traumatique.

Traverser ses terres noires et affronter des vérités cachées, enfouies, demande beaucoup de courage. Car il est évident que si ces vérités sont occultées d'une façon ou d'une autre, cela signifie qu'elles sont sources de souffrance et de douleur. Il est tout aussi courageux d'affronter son passé à travers ses actes et ses paroles. Cette prise de conscience consistant à ouvrir les yeux pour voir ce qui se cache derrière le miroir est puissante mais douloureuse.

Les informations que nous pouvons recevoir ne sont pas que des messages de soutien, même si ce sont toujours des messages d'amour de notre guidance. Il se peut que ce qui nous est demandé ou conseillé aille à l'encontre de ce que nous souhaitons, et que la voie à prendre ne soit ni la plus rapide ni la plus facile.

Enfin, il existe les peurs que nous attribuons davantage au mental : la peur de manquer (manque d'ancrage), la peur de se tromper (manque d'estime de soi), la peur d'être abandonné (manque de confiance en soi), la peur de faire du mal (manque d'amour pour soi), etc. Même si ces peurs sont l'expression de notre mental, elles n'en demeurent pas moins liées à l'émotionnel.

Quelle que soit la nature de la peur, elle est l'émanation d'un germe racine plus profond que nous pouvons le conscientiser. Ce germe racine se plante dans notre enfance. Cela nous amène à aborder l'enfant intérieur. En effet, il détient la clé de nos blocages, mais aussi celle de nos capacités.

L'enfant intérieur : la clé de nos capacités

L'enfant intérieur est notre corps émotionnel. Il représente les émotions que nous avons ressenties enfants sans avoir conscience de l'impact que cela peut provoquer sur nous, que ce soit sur le plan physique, psychique, énergétique, spirituel ou émotionnel.

Pourquoi l'enfant intérieur est-il la clé de nos capacités ?

Premièrement, nous (quand nous étions enfants) vibrions en fréquence alpha, c'est-à-dire avec le chakra du cœur ; nous sommes donc connectés en permanence avec le monde subtil. Secondement, cette part de nous représente nos réactions et nos émotions. La peur est une émotion et elle trouve sa source dans la petite enfance. En effet, lorsqu'une peur se manifeste, c'est notre part enfantine qui s'exprime, ce n'est pas l'adulte.

Pourquoi les peurs sont-elles liées à l'émotionnel ?

La vie est une expérience sur Terre. Une expérience avec, pour nous tous, la même mission : celle de nous accepter et de nous aimer.

Une acceptation de notre physique, de nos actions, de nos colères, de nos blessures, de nos émotions pour être dans l'amour et la compassion. Sans cet amour et cette compassion, nous ne pouvons pas être équilibrés. Nous ne pouvons pas donner et même recevoir de l'amour, si nous ne répondons pas à nos propres besoins d'amour et de joie.

Lorsqu'une de nos expériences de vie est vécue dans la non-acceptation, c'est-à-dire dans le jugement, la culpabilité, la peur, les regrets, le non-pardon, le doute, nous attirons sans cesse dans nos vies des circonstances ou des situations qui nous font revivre cette expérience et l'émotion ressentie. L'émotion non acceptée ou évacuée s'accumule dans l'âme, crée des blocages, et conditionne des comportements et des pensées négatives nous empêchant de concrétiser nos projets, réaliser nos rêves, être nous-mêmes dans l'épanouissement et le bien-être.

En effet, tout ce que nous faisons, ou ne faisons pas, toutes les décisions prises, par la négative ou l'affirmative, tous nos silences ou nos paroles, tous nos ressentis et nos pensées ont des conséquences sur nos vies dans la matière mais aussi sur le plan éthérique, et par voie de conséquence sur nos capacités et leur manifestation.

Nous sommes des êtres d'énergies, mais aussi d'émotions. Nous ne pouvons donc faire abstraction de nos émotions et c'est une erreur de les négliger. Nous devons les accueillir, quelle que soit leur nature : joie, tristesse, gentillesse, colère, peur, anxiété, paix, stress, angoisse, insécurité, etc.

Mais l'enfant n'a pas cette notion de conscience de ses émotions. Et par la peur de ne plus être aimé par ses parents, il refoule, garde, maintient en lui ses émotions. Nous pouvons aussi évoquer les hypersensibles. Les enfants hypersensibles sont peu compris et cela conduit à un enfermement de leur potentiel. Ils deviennent des adultes complètement séparés de leurs capacités et ne savent plus exprimer leurs émotions.

Un comportement guidé par la peur, comme la panique ou le stress face à des situations inconnues, l'anxiété que quelque chose arrive ou n'arrive pas, le manque de confiance en soi et par conséquent envers les autres, conduit à de l'isolement par l'évitement des communautés ou des activités de groupe, la peur d'aller vers les autres, la peur d'être moqué ou jugé.

Le travail de libération et de guérison de l'émotionnel permet de revenir sur une expérience de non-acceptation ou une émotion bloquée. Il est nécessaire de canaliser l'expérience non acceptée ou le moment où l'émotion a été vécue, de la revivre et de lui permettre ainsi de la placer dans l'acceptation et de s'en libérer.

Comment accepter une émotion de peur ?

La paix intérieure n'est pas l'absence d'émotions, qu'elles soient positives ou négatives. C'est la capacité à être spectateur et non acteur de ses émotions. Lorsque vous ressentez une émotion, ne vous laissez pas envahir par elle, prenez quelques minutes, posez-vous (si vous le pouvez), faites quelques respirations et écoutez votre corps, écoutez votre émotion.

Demandez-vous quelle est l'émotion : de la colère ? De la tristesse ? Du dégoût ? De la honte ?

Essayez de comprendre pourquoi vous ressentez cela. Ensuite, acceptez d'être en colère, d'être triste. Pardonnez-vous si vous vous sentez honteux ou coupable. Et surtout pardonnez aux autres, à ceux qui sont concernés. Pardonnez car eux-mêmes ont leurs propres blessures. Laissez cette émotion glisser sur vous, ne refoulez pas votre ressenti avec un « ce n'est pas grave ! ». Si cela est grave pour vous alors acceptez que cela le soit et prenez votre place.

Maintenant que nous avons posé des mots sur le lien entre la peur et l'émotionnel, faisons le lien entre la peur et les capacités médiumniques.

L'explication est simple : derrière la non-manifestation de nos capacités se cache une peur. Je ne le répéterai jamais assez, mais nous sommes tous des êtres spirituels, nous sommes des êtres d'énergies, ce qui signifie que nous possédons tous des capacités extrasensorielles. Ce sont nos masques créés par la peur qui empêchent la manifestation de nos capacités.

Une peur précise est très significative de capacités enfouies et refoulées en étant enfant. Il y a bien sûr les peurs liées à nos blessures émotionnelles, mais aussi et surtout la peur nocturne. Plus précisément, la peur du noir, de l'obscurité. Cette peur se manifeste principalement par le fait d'être « attaqué ». Le plus souvent, les enfants parlent de monstre et, en parents bienveillants, nous les convainquons que les monstres n'existent pas. Cela est vrai pour l'adulte qui voit le monstre comme l'horrible bête parfois représentée dans les films ou séries.

Mais que se cache-t-il véritablement derrière le mot « monstre » pour cet enfant qui a peur du noir ? Mes filles avaient des peurs nocturnes, et j'en avais moi-même enfant. Paradoxalement, je voyais les entités le jour, je discutais avec elles sans peur, mais j'étais terrorisée le soir. Je demandais que la porte de ma chambre reste ouverte pour entendre le bruit de la vie de famille au salon ou dans la cuisine.

L'enfant qui a peur du noir détient une mémoire de ce qu'il a vu, entendu ou ressenti. Sa peur se manifeste la nuit, car l'enfant est dans le noir et ne peut pas voir ce qu'il y a dans la pièce. Cette absence de contrôle face à un éventuel danger qu'il ne connaît pas crée la peur.

Si nous avons le souvenir d'une peur nocturne de notre enfance, et qu'elle se manifeste encore à l'âge adulte, nous devons chercher dans les souvenirs de notre enfance. Car, bien souvent, l'événement est entré dans un déni. Cela signifie que nous ne nous souvenons plus de ce que nous avons vu, entendu ou ressenti, voire que nous ne nous souvenons même plus d'avoir vu, entendu ou ressenti. Le mental crée une amnésie dans une volonté de protection : « Si je me souviens, j'ai peur, donc j'oublie pour ne pas ressentir mon émotion. »

La deuxième explication à la peur du noir vient du fait que dans une grande majorité les entités se manifestent la nuit, et qu'il est plus aisé de les capter (voir, entendre et ressentir) lorsque vient l'obscurité. Il est plus difficile de les voir en plein jour, sauf lorsque l'entité prend l'apparence d'une ombre noire ou blanche ou sensiblement transparente à la forme humaine.

Si vous avez peur du noir, que vous ayez le souvenir de la manifestation médiumnique enfant ou non, je vous invite à réveiller ou appréhender cette capacité. En effet, la peur de l'adulte est l'expression de la peur de l'enfant.

Pour cela, je vous propose un petit exercice pour vous libérer de vos peurs et blocages émotionnels, à faire de préférence avant de voyager à travers la méditation de pleine conscience. Il permet d'ouvrir la porte de cette part de vous-même et ainsi d'accéder à cette mémoire enfouie.

Exercice pour renouer avec son enfant intérieur

Pour cet exercice, équipez-vous d'une feuille et d'un stylo. Cherchez ou retrouvez trois photographies de vous enfant. Faites en sorte que chaque photographie vous représente à un âge différent. Cet enfant que vous avez oublié (entre 3 et 10 ans).
Deux ou trois photos suffisent à la réalisation de l'exercice.

Dans un coin tranquille où personne ne viendra vous déranger, installez-vous en position assise, sur des coussins, un lit ou un canapé. Il est important que vous soyez seul au moment de la pratique de cet exercice.
Posez la feuille et le stylo sur une table ou un support sur lequel vous pourrez aisément écrire. Prenez une première photo de ce

petit garçon, de cette petite fille ou de ce bébé. Faites le choix de la photographie avec votre cœur ou prenez la première qui se manifeste à vous sans règle précise.
Regardez cet enfant sur la photographie comme si vous le connaissiez bien.
Que diriez-vous de cet enfant ? Sa personnalité ? Ses joies ? Ce qu'il aimait faire ? À quoi aimait-il jouer ? Se sentait-il seul ? Rejeté ? Ou, au contraire, ressentait-il tout l'amour de son entourage ? Avait-il peur du noir ? Était-il très émotif ?
Ce ne sont que des exemples de questions, vous pouvez en poser d'autres qui vous semblent pertinentes ou qui correspondent mieux à votre situation.
Fermez les yeux et imaginez cet enfant devant vous. Prenez-le dans vos bras sans rien dire, il s'agit juste de reprendre contact avec cet être qui a besoin d'amour et de sécurité.
Ensuite, notez vos ressentis sur la feuille en identifiant à quelle photographie ils sont liés.
Faites de même pour les autres photographies.
Lorsque vous avez fini, posez vos photographies sur un autel avec vos notes. Laissez décanter quelques jours. Pendant ce laps de temps, n'hésitez pas à retourner voir cet enfant, et si d'autres émotions ou ressentis se manifestent, ajoutez-les sur la feuille.
Vous renouez ainsi doucement avec votre enfant intérieur.

Cet exercice qui semble bien anodin donne des résultats étonnants, il peut faire émerger de votre mémoire des souvenirs cachés, des émotions enfouies et ainsi faire remonter des informations de votre inconscient.
Quelles que soient les informations qui refont surface, notez-les afin d'en garder une trace et aussi de faire le pont avec les blocages et les peurs de votre vie actuelle en tant qu'adulte.

Le lâcher-prise ou la manifestation des capacités

Le lâcher-prise ! Un terme très utilisé dans le milieu du développement personnel et spirituel. Il est employé en toutes circonstances et offert à qui veut l'entendre lors d'un accompagnement.

Mais il faut déjà comprendre ce que signifie le lâcher-prise. Avant de définir ce concept, il est nécessaire de faire le lien avec le développement de nos capacités médiumniques.

Le lâcher-prise est l'autre côté de la balance de notre masque de contrôlant. Autrement dit, nous avons besoin de contrôler pour nous sécuriser. Ce besoin de contrôle n'a pas pour objectif d'embêter autrui ou d'imposer quoi que ce soit aux autres, il est la réponse à nos peurs et à un sentiment d'insécurité. Et ce besoin de maîtriser les situations se manifestant aussi dans le développement spirituel, il bloque par conséquent la manifestation de nos capacités.

Cela peut s'exprimer lors d'une méditation par la projection de ce que nous allons voir ou ressentir, ou en anticipant le résultat (« Est-ce que je vais voir mon guide ? ou l'entendre ? »), ou pire, en anticipant son déroulement de manière négative, voire défaitiste (« Je ne verrai ou ne ressentirai rien »).

Le contrôle peut être aussi présent lors d'un soin. En effet, en ma qualité de thérapeute, lorsque j'exerçais en cabinet, nombreux sont ceux qui contrôlaient leurs émotions lors de la séance ou demeuraient dans un mental très puissant afin que la séance ne leur échappe pas. Mais c'est l'inverse qui se produit, car en voulant maîtriser la situation, ils ne s'ouvrent pas à leurs ressentis subtils, et restent sur le plan de la matière, en utilisant leur chakra du plexus solaire. Un signe très représentatif de cette situation est le positionnement des mains croisées sur le plexus.

Cette situation se transpose totalement dans le contexte de nos capacités médiumniques. Le résultat n'est pas le blocage de nos capacités, mais du ressenti – énergétique, visuel ou auditif – de la manifestation de nos capacités. Nous sommes des êtres spirituels, nos capacités extrasensorielles font partie de notre nature profonde. Mais sans lâcher-prise, nous ne réceptionnons pas.

Je vous donne un exemple pour apporter un éclairage. Si vous pratiquez une méditation ou un voyage vibratoire pour communiquer avec votre guide de lumière, le manque de lâcher-prise n'empêche pas votre guide de vous parler, mais il vous empêche de l'entendre. Le contrôle destiné par exemple à vouloir absolument l'entendre ou à projeter dans votre esprit le déroulement de la méditation altère le processus d'entrée en conscience modifiée ou d'accès à un autre plan vibratoire, et ainsi il brouille votre antenne subtile. Si je prends une métaphore de la société actuelle, c'est comme si une personne vous appelle, vous décrochez, la communication est établie, la personne à l'autre bout du fil vous entend, mais vous, vous ne l'entendez pas.

Qu'est-ce que le lâcher-prise ?

L'action qui consiste à laisser de côté ce qui nous plonge dans un mal-être, de nous choisir à travers ce qui nous apporte paix et quiétude. Mais, c'est aussi le recul, le détachement, savoir laisser évoluer une situation naturellement sans intervenir pour en contrôler le déroulement ou l'issue.

Le lâcher-prise, c'est savoir se détacher de l'avis des autres, du jugement, ou du contrôle des situations. Cela implique une confiance totale en la vie et dans ce qui pourrait arriver de mieux (et non de pire).

Attention, le lâcher-prise, CE N'EST PAS NE RIEN FAIRE. C'est agir selon ses possibilités, en donnant le meilleur de soi-même, sans se soucier de ce qui va se passer et ainsi laisser la vie suivre son cours. Cela passe par la confiance en l'Univers et par le fait d'abandonner ce qui n'a plus lieu d'être, ce qui a été fait et ce qui a été dit.

Nous pourrions résumer ces différentes approches par cette définition : le lâcher-prise est un mouvement conscient de l'esprit qui consiste à fournir un effort sur soi-même pour que le conflit cesse. Précisons que ce conflit est intérieur, qu'il se joue entre soi et soi-même : une part de soi demande à faire confiance et à être en paix et une autre part, par la manifestation de la peur, éprouve de l'insécurité et un besoin intense de tout contrôler.

Un exemple très parlant du lâcher-prise est la commande à distance. Je m'explique :

> *Imaginez, vous passez commande d'un article sur Internet. Vous faites votre transaction, et le site vous indique que le colis arrivera à une date précise. Dès lors, vous vous détachez du reste, et vous ne vous préoccupez pas du processus de préparation et d'envoi. En effet, vous lâchez prise sur le déroulement de la situation.*

Pourquoi ? Car vous savez déjà que vous ne pouvez avoir aucun contrôle sur cette situation, alors vous faites confiance et attendez la date de livraison. Si vous ne lâchiez pas prise, vous seriez amené à observer la préparation des colis, courir après le coursier, suivre le camion de livraison lors de sa tournée.

Vous trouvez cela ridicule ou abusif ? Vous avez raison. Pourtant, c'est le type de comportement que l'on peut adopter lorsque l'on se sent en insécurité dans une situation. Ainsi, par recherche de reconnaissance ou d'amour, par manque d'estime ou d'amour de soi, certaines personnes se surchargent par exemple de responsabilités sous couvert de faire plaisir à tout le monde, ou de vouloir « sauver » les autres, alors que bien souvent rien ne leur a été demandé dans ce sens.

Voyons maintenant ce que n'est pas le lâcher-prise. Il ne consiste pas à couper le lien avec la ou les personnes qui polluent notre esprit, car cette pollution est la nôtre, c'est un mécanisme de notre mental. Couper le lien va nous soulager quelque temps et nous permettre d'être plus en paix, mais si la personne réapparaît, les mécanismes vont ressurgir à nouveau. Car dans ce cas, le lâcher-prise repose sur une prise de conscience que nous ne pouvons pas tout contrôler, ni autrui ni les situations. Ce n'est pas de la passivité, au contraire, il s'agit de tirer les leçons des conséquences inhérentes à nos actes, aux événements et aux situations que nous vivons. Cela consiste à affronter la réalité et parfois la tempête sans se soucier de l'issue, qu'elle soit bonne ou mauvaise. Mais à faire de son mieux.

Pourquoi sommes-nous confrontés au manque de lâcher-prise ?

Il est flagrant de constater la difficulté à comprendre cette notion de lâcher-prise et son « application ». En effet, au-delà d'un mécanisme du mental, le manque de lâcher-prise naît de nos blessures d'âmes. Ce manque est lié à un manque de confiance, en la vie, en les événements et surtout leur issue et, de ce fait, à un manque de confiance en soi.

Ce manque de confiance conduit à un besoin de contrôler, que ce soit les personnes car nous n'avons pas confiance en elles, et les situations car celles-ci peuvent nous échapper et cela crée des peurs ou des angoisses.

Le contrôle est le comportement psychique lié à la blessure de trahison. La trahison n'est pas forcément un adultère. Cela peut être une promesse qui n'a pas été tenue, par un parent par exemple. Lorsque nous sommes trahis, ou que nous vivons l'événement ou la situation comme une trahison, nous n'avons plus confiance. L'émotion ressentie est alors la déception. Déçus, nous perdons notre confiance en les autres.

Mais ce manque de confiance en autrui découle du manque de confiance en soi. Ce manque de confiance est souvent issu de notre éducation, ou d'un événement vécu lors de notre enfance. Nous sommes, enfants, le miroir de nos parents. Cela signifie que l'un des parents, souvent celui du sexe opposé (papa pour les filles, et maman pour les garçons), souffre de la même blessure.

Le parent, n'ayant lui-même pas confiance, bride son enfant et ne le laisse pas s'exprimer librement, que ce soit dans sa parole, dans ses pensées ou ses actes. Ainsi, l'enfant ressent le manque de confiance que lui renvoie le parent. Un enfant qui ressent le manque de confiance de son parent garde confiance en son parent, mais il perd sa confiance en soi.

La deuxième blessure qui est liée au manque de lâcher-prise, c'est l'injustice. Le comportement psychique de la personne qui porte cette blessure ressemble beaucoup à celui du contrôlant mais il y a une différence.

Le contrôlant éprouve le besoin de contrôler les gens et les situations, alors que pour l'injustice, le masque est celui de la rigidité. C'est-à-dire que la personne concernée s'oblige à une forte maîtrise d'elle-même, de ses actes, de ses pensées et de ses paroles. Très exigeante avec elle-même, elle ne s'accorde aucun répit, aucun repos, aucun lâcher-prise, tout doit être sous contrôle dans sa vie.

Seulement, les choses ne se déroulent pas souvent comme on le souhaite, et vouloir contrôler sa vie est similaire à la quête de don Quichotte face aux moulins à vent.

Pourquoi la rigidité est-elle le résultat du sentiment d'injustice ? Car malgré tous les efforts fournis, l'implication pour que tout soit sous contrôle, nous n'avons pas les résultats souhaités. Ce sentiment découle aussi de notre enfance. En effet, selon les efforts que nous avons faits au sein de notre famille, ou auprès de nos parents, ou à l'école, nous n'avons pas reçu la reconnaissance, l'attention ou l'amour qui nous étaient (ou nous semblaient) dûs. Du moins, c'est ainsi que nous le ressentons.

Cela peut naître aussi d'une concurrence avec un frère ou une sœur, que nous pensons être plus aimé que nous par nos parents. Ou plus simplement, parce que nous n'avons par exemple jamais entendu « Nous sommes fiers de toi » de la part de nos parents. Ou parce que nous avons vécu une expérience comme un échec (sport, mauvaise note…) et reçu des remarques au lieu d'encouragements.

Cette injustice peut nous poursuivre dans notre environnement professionnel ou dans notre couple. Nous allons donc chercher sans cesse à être parfaits auprès de nos parents, vis-à-vis de notre conjoint ou de nos collègues voire de notre patron, afin d'obtenir cette reconnaissance dont nous avons manqué lors de notre enfance. Dès lors que le niveau de reconnaissance, d'amour ou d'attention n'est pas conforme à notre projection, nous ressentons de l'injustice. Ce sentiment se manifeste aussi dans la comparaison avec les autres quand nous considérons qu'ils obtiennent de l'amour, de la reconnaissance ou de l'attention alors qu'ils n'ont pas fait les efforts que nous avons fournis à cet effet. Cette quête, erronée, nous épuise et nous empêche de lâcher prise.

Un autre élément peut être un blocage au lâcher-prise, et plus précisément par rapport au passé : le pardon. Le manque de pardon, qu'il s'agisse de se pardonner à soi-même ou de pardonner aux autres, n'est pas lié à une blessure principale, il est une blessure à lui tout seul.

Lors de mes accompagnements individuels, je m'aperçois à quel point il semble difficile aux personnes qui viennent me consulter de pardonner lorsque le travail thérapeutique est en cours. Certaines pensent que pardonner l'autre est une faveur qu'elles lui accordent. C'est une erreur. Pardonner, c'est nous accorder une faveur à nous-mêmes, celle de nous libérer de notre passé. Cela est identique lorsque nous nous pardonnons à nous-mêmes.

Par le pardon, nous nous libérons du passé, de ce qui a été fait, par nous-mêmes ou les autres, et de ce qui a été dit par nous-mêmes ou les autres. La personne n'a pas besoin de savoir que nous lui avons accordé notre pardon. L'important est que nous nous soyons libérés de ce boulet du passé que nous continuions de tirer, qui nous ralentissait et nous fatiguait.

Maintenant, afin de travailler les peurs et d'aller au cœur du lâcher-prise, je vais vous demander de faire face à vous-même par le biais d'exercices regroupés par fiches. Le but est de vous aider à prendre conscience du contrôle que vous pouvez opérer sur les situations ou sur vous-même.

Exercices de libération des peurs et de lâcher-prise

Pour cette dernière partie du chapitre 4, je vous propose de faire deux exercices en conscience.

Exercice 1 : les fiches de lâcher-prise

Le premier exercice est un travail de développement personnel et spirituel autour du lâcher-prise et, par voie de conséquence, du contrôle. Cet exercice se présente sous forme de fiches que vous devez remplir en étant le plus honnête possible avec vous-même.

Vous pouvez prendre votre temps entre chaque fiche, rien ne presse, faites-les à votre rythme. Chaque fiche a un objectif de libération bien précis, ne négligez aucune fiche et respectez leur ordre de présentation :

- Fiche 1 : un moment sous contrôle.
- Fiche 2 : le lâcher-prise libérateur.
- Fiche 3 : le bilan des issues.
- Fiche 4 : l'identification des pensées.
- Fiche 5 : la libération par le pardon.
- Fiche 6 : ma libération.

Fiche 1 : un moment sous contrôle

Relatez un moment ou une situation où vous avez agi dans le contrôle. Et essayez de comprendre ou du moins de reconnaître l'émotion qui vous a conduit à « devoir » consciemment ou inconsciemment contrôler cette situation.

Ensuite, expliquez l'issue de la situation ou de l'événement.

....

....

....

....

....

....

....

....

....

....

....

....

....

....

....

Fiche 2 : le lâcher-prise libérateur

Relatez un moment ou une situation où vous avez réussi à lâcher prise, ou une tâche que vous gérez « normalement » ou que vous avez déléguée (que ce soit dans le milieu professionnel ou personnel).

Reconnaissez et analysez l'émotion qui vous a conduit à lâcher prise et celle que vous avez ressentie après vous être libéré de votre contrôle.

....

....

....

....

....

....

....

....

....

....

....

....

....

....

Fiche 3 : le bilan des issues

Faites le bilan de ces deux situations.

Comparez les résultats obtenus ou l'issue des situations, dans le premier cas où vous avez contrôlé l'événement, et le second où vous avez lâché prise. Au-delà de noter l'issue, expliquez comment elles se sont déroulées. Quel est votre constat ?

....

....

....

....

....

....

....

....

....

....

....

....

....

....

Fiche 4 : l'identification des émotions et pensées

Cette fiche a pour objectif l'identification de vos pensées et de vos émotions au moment où vous éprouvez le besoin de contrôler ou de maîtriser une situation.

Replongez dans une des situations que vous avez vécues et posez-vous ces deux questions :

1. Quelles sont les pensées qui traversent mon esprit ?
2. Quelle est l'émotion qui se manifeste ? De quoi ai-je peur ?

Pour la question 1, cela peut être par exemple les projections que vous faites par rapport à une situation (« Cela va mal se passer », etc.).

Cette réflexion vous permettra de comprendre la peur qui se cache derrière votre besoin de contrôle.

J'identifie mes pensées.

....

....

....

....

....

....

....

....

J'identifie mes émotions.

....

....

....

....

....

....

....

....

Fiche 5 : la libération par le pardon

Cette fiche a pour objectif de vous libérer d'un pardon non accordé. Un non-pardon à autrui et un non-pardon à vous-même. Cet exercice peut sembler difficile, mais vous avez du temps pour l'accomplir. Il est important d'accorder ces pardons en

conscience et avec le cœur afin que cette libération soit pleinement vécue. Pour une libération encore plus intense, vous pouvez noter ce que vous avez ressenti vis-à-vis de la personne ou de la situation. Ne blâmez pas l'autre, mais exprimez vos émotions et vos souffrances.
Je me pardonne.

....

....

....

....

....

....

....

....

Je pardonne à.....................................

....

....

....

....

....

....

....

....

Fiche 6 : ma libération

Cette dernière fiche est le constat de votre évolution et de votre libération après la réflexion menée. Elle consiste à mettre en lumière vos efforts et d'ancrer (encrer) votre libération.
Faites le bilan de cette expérience et prenez conscience de votre fierté pour le travail accompli.
Quelle est votre libération ?

....

....

....

....

....

....

....

....
....
....
....
....
....
....
....

Exercice 2 : les techniques de lâcher-prise

Ces techniques très accessibles peuvent vous permettre sur une situation simple ou temporaire de vous libérer afin d'agir l'esprit clair, dans le calme intérieur et donc avec objectivité.

1. Lorsque vous ruminez, que vous ressassez un événement ou les paroles d'une personne, répétez plusieurs fois « J'efface et j'annule », afin de casser les pensées qui tournent en boucle dans votre esprit et de revenir dans le moment présent.
2. Le manque de lâcher-prise nous conduit non seulement à ressasser le passé, mais aussi à imaginer le futur. Ces pensées de projection créent des peurs. Afin de couper avec ce cycle de pensées, programmez une alarme sur votre montre ou votre téléphone toutes les heures par exemple.
3. Ainsi lorsqu'elle sonne, concentrez-vous sur le moment présent, revenez à vous-même soit en faisant des respirations en conscience, soit en plaçant votre attention au niveau de votre cœur. Vous pouvez faire une pause dans un endroit calme ou dans le jardin, à vous de choisir. Cet instant programmé a pour effet de vous sortir de vos pensées, et vous permet de revenir dans le moment présent.
4. La lettre à envoyer est aussi un très bon moyen de se libérer des pensées négatives liées à une situation ou un événement, voire une personne.
5. Comment procéder ? Équipez-vous d'une feuille et d'un stylo. Choisissez un moment où vous êtes seul et au calme. Quand vous êtes prêt, écrivez ce qui vous bloque dans la situation,

expliquez la situation, les émotions qu'elle provoque en vous, libérez-vous de ce qui pèse dans votre esprit. Détaillez les conséquences sur votre vie et votre bien-être. Je vous alerte sur les mots employés et vous rappelle que les mots sont une vibration, je vous conseille donc d'être bienveillant dans les termes que vous utilisez. Cette lettre peut concerner une situation ou une personne. Dans ce dernier cas, il ne faut pas noter son nom de famille, mais uniquement son prénom. Dès lors que vous avez identifié la personne dans votre esprit, l'Univers sait de qui il s'agit, n'ayez aucune crainte. Vous pouvez rédiger la lettre en plusieurs fois, le but étant de vous libérer. Ensuite, lorsqu'elle est finie, vous allez la placer dans une enveloppe que vous fermez. Pour finir, vous allez la glisser dans une boîte aux lettres près de chez vous sans rien ajouter ou modifier (pas de nom ni d'adresse sur l'enveloppe, etc.). Lorsque vous la postez, posez bien cette intention de tout envoyer ou renvoyer à l'Univers. Ensuite, ne vous préoccupez plus de la situation ou de la personne, laissez l'Univers agir pour vous.

Rappel

Même si ces techniques sont efficaces, elles risquent d'être temporaires. Accorder un pardon ou couper un lien avec une personne ne vous libère pas de votre problématique de « dépendance affective ». Vous affranchir vis-à-vis d'une situation ne vous libère pas de la blessure de trahison que vous avez subie enfant, et qui vous poursuit. Cela vous permet de prendre du recul et de soulager votre douleur ou votre mal-être, le temps d'envisager une guérison de fond.

Le travail intérieur est le seul moyen de vous nettoyer de vos blessures, et ainsi de progresser dans le lâcher-prise. Cela dit, ces outils peuvent vous accompagner dans le processus de libération intérieure, adoucir le travail, et le faire progresser plus vite.

La méditation de pleine conscience

Avant la méditation, lisez le processus pour un voyage efficace et dans le lâcher-prise. Équipez-vous d'une feuille et d'un stylo pour pouvoir noter tout ce que vous avez vu ou ressenti lors de la méditation. Prenez aussi une photographie de vous enfant (maximum à l'âge de 9 ans). Posez la feuille, la photographie et le stylo près de vous.

Je vous invite à vous installer confortablement dans un endroit calme et isolé. La position allongée est la plus adaptée à la connexion. Purifiez votre lieu comme vous avez l'habitude de le faire avec de la sauge blanche, du romarin ou de l'ortie.

Vous pouvez si vous le souhaitez mettre de la musique dès lors que vous choisissez une fréquence adaptée comme 432 Hz, 726 Hz ou 369 Hz, ou des chants vibratoires.

Faites cinq respirations complètes en conscience. Vous inspirez profondément avec le ventre et expirez lentement avec la bouche d'un petit souffle contrôlé. Imaginez une couleur dans votre esprit et rester concentré sur cette vision pendant quelques minutes. Il se peut qu'elle s'échappe, ce n'est pas important, restez concentré.

Ensuite, vous allez imaginer une lumière représentant votre âme. La lumière commence au centre de votre cœur, puis s'intensifie dans votre poitrine et dans tout votre corps.

Faites circuler la lumière dans tout le corps au rythme des respirations (j'inspire, la lumière est présente ; j'expire, elle se diffuse), dans :

- vos mains ;
- vos bras ;
- vos épaules ;
- votre poitrine ;
- votre ventre ;
- votre bassin ;
- vos cuisses ;
- vos mollets ;
- vos pieds.

Puis, revenez à :

- vos pieds ;
- vos jambes ;
- votre buste ;
- votre tête ;
- votre crâne.

Relâchez la respiration et revenez à un souffle normal, sans forcer l'inspiration et l'expiration.

Imaginez une porte devant vous. Laissez venir à vous la représentation de votre porte intérieure. Approchez-vous, posez la main sur la poignée (ou le système d'ouverture) et ouvrez la porte.

Lorsque la porte est ouverte, vous arrivez dans un espace extérieur, le ciel est bleu et le soleil est chaud et rayonnant. Il peut s'agir d'un jardin, d'une prairie, la montagne, le bord de mer ou une forêt (ce ne sont que des exemples, ne vous limitez pas à ces lieux).

Vous avancez dans cet espace, quand devant vous se présente un enfant. Vous vous approchez de plus en plus, et vous reconnaissez ce petit enfant, c'est vous !
À ce stade de la méditation, posez-vous ces questions :

- Où sommes-nous ?
- Quel âge a-t-il ?
- Comment est-il ? (Souriant ? Triste ? Apeuré ?)
- Vous allez le prendre dans vos bras et le rassurer, faites-le avec votre cœur.

Ensuite, dans cet espace, vous voyez l'entrée d'un tunnel. Vous vous dirigez vers ce tunnel avec votre enfant intérieur. Devant l'entrée du tunnel se trouve sur votre droite un flambeau pour éclairer le tunnel. Vous prenez ce flambeau dans la main droite et votre enfant par la main gauche. Au moment d'entrer dans le tunnel, vous faites un décompte de 20 à 0, tout en traversant le tunnel avec votre enfant intérieur.
Au bout du tunnel, il y a une porte, vous posez la main sur la poignée et vous ouvrez cette porte. Ensuite, vous passez la porte et la refermez derrière vous. Vous vous trouvez face à un grand espace vide de forme arrondie avec trois portes. La première devant vous, la deuxième à votre droite et la troisième à votre gauche. Sur chaque porte, il est inscrit quelque chose.

- Sur la porte de gauche, il est inscrit : peurs inconscientes.
- Sur celle en face de vous, il est inscrit : blessures.
- Sur celle à votre droite, il est inscrit : blocage émotionnel.

Vous vous dirigez vers une des portes. Poussez-la. Ensuite laissez-vous porter par ce que vous ressentez, entendez et voyez derrière cette porte.
Afin de vous aider dans cette étape, voici quelques idées de questions à vous poser. Attention, au début, tout peut sembler sombre mais restez concentré et lâchez prise sur une éventuelle attente.

- S'agit-il d'une pièce ? Comment est-elle ?
- Y a-t-il une ou des personnes ? Qui est-ce ? (Pensez à demander qui sont les personnes si vous ne les connaissez pas.)
- Quelle est la tenue des personnes présentes ? (Cela peut évoquer une époque ou une période.)
- Un moment ? Lequel ?
- Une image ? Laquelle ?

– Des couleurs ? Lesquelles ?
– Des ressentis dans le corps ? Où se manifestent-ils ? Quelle partie ? Quel côté ? Quelles sensations sentez-vous ?
– Des inscriptions ? Des mots écrits ? Des panneaux ?

Rassurez votre enfant intérieur, dites-lui qu'il ne doit pas avoir peur, que tout va bien, et que vous êtes là pour l'aider et le protéger.
Restez un temps dans cet espace afin d'obtenir le maximum d'informations.
Observez bien ce qui se passe, les moindres détails ont leur importance. Quand vous serez prêt, sortez de la pièce avec votre enfant intérieur. Repassez la porte, refermez-la bien derrière vous. Traversez le tunnel dans le sens inverse en comptant de 0 à 20.
Accordez-vous un moment en restant dans votre espace subtil avec votre enfant intérieur. Parlez-lui, jouez avec lui. Ensuite, vous êtes juste dans l'accueil puis doucement vous revenez à votre conscience.
Pour un retour en douceur dans le moment présent, commencez par vous concentrer sur votre respiration. Ensuite, bougez vos pieds et vos mains pour reprendre contact avec votre corps. Poursuivez en vous étirant et ouvrez les yeux quand vous le souhaitez.

Notez TOUT DE SUITE votre voyage.
Laissez passer quelques jours, puis relisez vos notes et faites le lien avec vos blocages, vos peurs. Et éventuellement vous pourrez envisager un soin ou un accompagnement si cela vous semble nécessaire.
Il est aussi possible de compléter cette pratique en vous servant des informations reçues lors du voyage pour rédiger la lettre à envoyer, afin d'aller encore un peu plus loin dans le processus de libération.

Chapitre 5

Les bases et outils de communication

« Rappelez-vous que lorsque vous quittez cette terre, vous n'emportez rien de ce que vous avez reçu – uniquement ce que vous avez donné. »

Saint François d'Assise

Dans la continuité du développement de nos capacités extrasensorielles, il est important d'aborder les bases pour pratiquer la médiumnité. De mon expérience, il est essentiel de poser les règles de la communication, quel que soit le mode utilisé. Ensuite, d'être ancré et protégé. La médiumnité n'est pas dangereuse en soi, mais certaines règles sont à respecter pour ne pas être impacté par des énergies ou entités négatives, ou être dérangé constamment par des âmes défuntes. Dès lors que le canal est ouvert, les âmes défuntes le ressentent et peuvent devenir très intrusives et polluantes énergétiquement, émotionnellement et physiquement.

L'ancrage nous permet d'être centrés et de rester connectés à la réalité, ce qui est impératif pour recevoir des messages et des messages justes. La protection est essentielle pour exercer et pratiquer en toute quiétude.

Ces règles sont aussi importantes pour la manifestation et le développement de nos capacités. Bien souvent, nous sommes nos propres limites, et une mauvaise pratique peut conduire à de piètres résultats. Ce manque de médiumnité n'a pas pour unique source le blocage de nos capacités mais le fait que nous n'avons pas connaissance des informations nécessaires à la pratique, les bonnes clés pour ouvrir la porte.

Nous commençons ce chapitre en posant les règles essentielles à la communication, puis nous aborderons les bases indispensables à la pratique : l'ancrage d'une part et la protection d'autre part. Pour finir, nous étudierons l'importance du taux vibratoire et l'exercice de la divination avec le pendule. En effet, cet outil divinatoire est très utilisé par le médium. Ce chapitre est enrichi d'exercices d'ancrage, de techniques de protection et d'apprentissage du calcul du taux vibratoire.

Lorsque vous débuterez ce chapitre, ne vous précipitez pas chez un commerçant pour acquérir un pendule si vous n'en avez pas, car vous aurez par la suite des indications importantes qui pourront vous guider dans votre choix.

Les règles de la communication médiumnique

Ces règles de communication sont en quelque sorte la charte de bonne conduite dans la pratique médiumnique ou « le règlement intérieur » du monde subtil. Il ne s'agit pas d'ordres mais de conseils avisés pour celui ou celle qui souhaite développer ses capacités et pratiquer la médiumnité en toute sécurité et avec le cœur. Rappelons que le monde subtil possède des règles qui font partie des lois de l'Univers et qu'il est essentiel de respecter pour soi, pour la planète Terre et tous les autres êtres de notre système.

La confiance

Dans cette partie sur la confiance, il n'est pas question de la confiance en ses ressentis, son intuition ou sa médiumnité. Mais de la confiance par rapport à ce qui va venir à vous en termes de manifestation.

Je rencontre beaucoup de médiums sur mon chemin – c'est à la fois logique et karmique puisque tel est mon chemin –, mais ces rencontres m'amènent à un constat: certains acceptent leurs capacités, mais bloquent leur manifestation par manque de confiance en ce qui va se manifester à eux ou par peur.

En effet, comme il existe des entités négatives et de très basses et lourdes vibrations, certaines personnes tiennent un discours des plus sombres selon lequel la médiumnité est dangereuse et qu'il ne faut pas essayer de communiquer au risque de se faire attaquer. Et je dois le préciser, il est vrai qu'ouvrir son canal pour communiquer invite d'autres entités à venir mais, avec une bonne protection, cela devient bienveillant. Surtout, toutes les entités ne sont pas négatives; celles-ci ne sont qu'une minorité.

Le manque de confiance est un blocage, car l'Univers ne vous envoie que ce que vous êtes prêt à recevoir. Si votre mental est conditionné à se manifester à travers une peur, vous ne pourrez pas recevoir les messages ou ressentir les présences. Cela risque aussi de vous conduire à une mauvaise interprétation, car ce sera la parole de votre ego, et non de votre âme.

L'ego

L'ego (quel bien grand mot!) est très impliqué dans la spiritualité. À tort, nous l'opposons souvent à notre âme, alors que justement ce ne sont pas des ennemis ni des adversaires. Ils sont indissociables, et doivent trouver l'un en l'autre leur équilibre, et ainsi fusionner pour rompre cette dualité (créée par le mental).

L'unité ne concerne pas seulement l'être humain et la nature, le féminin et le masculin, le ciel et la terre, mais aussi l'âme et l'ego. Nous avons besoin de notre ego, il fait partie de nous, et nous ne pouvons pas le détruire ni le supprimer, comme le pensent certains. C'est un équilibre à trouver entre le raisonnement de l'ego, qui nous permet d'organiser, de comprendre, de penser, de résoudre et d'agir, et la parole de notre âme, notre intuition, notre parole du cœur, qui nous montre ce qui est bon pour nous, ce que doit être notre chemin et faire notre expérience sur cette Terre.

Mais avec nos modes de vie actuels, nous sommes guidés (voire tirés) par notre ego, laissant peu de place à notre âme. À force de vouloir comprendre, agir, raisonner, penser, contrôler, diriger ou organiser, nous sombrons dans le calcul, la stratégie, la manipulation, la compétition, la comparaison, le jugement. L'âme n'est qu'amour, bienveillance, douceur, bonne conseillère, acceptation et compassion. Seulement, nous pouvons penser que dès lors que nous sommes spirituels, l'ego n'est plus présent. Faux ! L'ego se cache partout et même dans la spiritualité et donc dans la quête de la médiumnité.

Quel est le piège de l'ego dans la médiumnité ? Je vous propose quelques réponses : avoir des pouvoirs, montrer que l'on est capable de faire des choses exceptionnelles (en parler, se montrer ou se vanter), de faire « comme les autres », croire que la médiumnité n'est réservée qu'à des élus, agir (communiquer et soigner) dans son intérêt et non dans l'intérêt d'autrui, de la collectivité, ou même juger autrui car il n'est pas au même stade d'élévation que soi.

Si vous voulez faire de la médiumnité pour ces raisons, cela ne fonctionnera pas, ou alors l'Univers n'hésitera pas à vous rappeler à l'ordre.

Si vous souhaitez communiquer avec les défunts, votre animal de compagnie, un esprit allié par exemple, il faut le faire dans l'amour (et ne pas avoir peur). Cela implique aussi de ne pas provoquer une communication pour régler des comptes ou faire des reproches (dans le cas d'une âme défunte), ou encore pour vous « amuser » (certains ont déjà essayé et cela ne s'est pas toujours bien passé), ou voir ce qui va arriver, par curiosité.

Nous devons toujours avoir conscience que des lois universelles existent entre les deux mondes. Nous ne sommes pas autorisés à appeler les défunts, ce sont eux qui viennent à nous. Sauf pour une raison de cœur, par exemple : avoir des renseignements de la famille pour avancer sur notre chemin de vie ou lever une charge karmique, apaiser une âme défunte, lui dire les mots que nous n'avons pas pu lui dire avant de partir, etc.

Le lâcher-prise (voir chapitre 4)

La foi

La foi, un mot bien difficile à comprendre. Pourquoi ? Car selon les religions et les traditions, les coutumes, les nationalités, l'histoire, la philosophie, la politique, la science, la foi ne prend pas le même sens. On peut interroger cent personnes sur la signification de la foi, on obtiendra cent réponses différentes.

La foi dont je souhaite parler ici, c'est la foi intérieure, sortie de tout dogme, religion ou coutume.

Cela mérite une explication. Une force supérieure nous couve de sa protection et connaît tout de nous, car nous sommes sa création. Peu importe le nom que nous lui donnons, « Dieu », le « divin », l'« Univers », « Christ » (Jésus devenu le Christ cosmique), l'« énergie », le « Tao », le « cosmos » ou la « conscience universelle », l'important est de croire en cette force supérieure, et d'avoir confiance en elle.

Lors de mon cheminement (et c'est encore le cas), j'ai fait la rencontre de personnes qui rejetaient cette idée de foi, lui attribuant aisément un aspect religieux (et cela peut être aussi le cas. D'ailleurs, si telle est votre conviction, j'aimerais vous dire que cela ne me dérange pas du tout et que je respecte ce choix).

Mais ce rejet n'apparaît-il pas comme une porte fermée ? Comme une façon de nier une évidence qui vibre en nous ? Il n'y a pas qu'un seul chemin pour arriver à destination, et même si cela ne fait pas partie (à cet instant-là) de notre conception, de notre approche, nous pouvons ouvrir notre cœur à d'autres visions, d'autres paroles, et nous ouvrir à cette unité, à l'Univers qui comprend toutes ces visions, tous ces chemins.

Cette ouverture à la foi, bien au-delà de nos connaissances et de nos croyances, est l'ouverture à l'Univers et à toute sa diversité et son immensité. Lorsque nous souhaitons communiquer, nous demandons à accéder à d'autres plans, d'autres espaces et d'autres êtres. Rejeter cette diversité, c'est rejeter une part de l'Univers et donc une part de nous-mêmes.

De plus, ce manque de foi bloque le chakra couronne. En effet, les qualités du chakra coronal sont la conscience, de l'Univers, d'une conscience supérieure, de la sagesse, tout ce qui est sacré. Et aussi la reconnaissance de l'unité, de l'amour inconditionnel, la libération des schémas limitatifs, la communion avec les états de conscience supérieure, le monde céleste, les anges et la source. Il provoque l'extase, le bonheur, et la présence.

Pour finir, je dirais que c'est à vous, à chacun et à chacune, de trouver le chemin de la foi, de votre foi, afin de vous ouvrir à l'entièreté de l'Univers et à son champ de possibilités.

Cherchez ce qui résonne en vous, mais osez découvrir d'autres chemins, d'autres paroles que celles qui vous bercent. Apprenez des autres et de leurs approches. Rien n'est dû au hasard. Et si cela vient à vous, c'est sûrement pour un apprentissage, ou justement vous pousser à lâcher prise et à renoncer aux croyances qui deviennent limitantes.

La fatigue et le stress

« La force qui est en chacun de nous est notre plus grand médecin. Toutes les maladies ne sont que la conséquence de nos habitudes de vie déséquilibrées. »

Hippocrate

Il paraît évident de parler de la fatigue et du stress lorsque nous voulons entamer une communication médiumnique avec une entité. Pourquoi ? Lorsque notre corps est fatigué, il signale un manque de force qui se traduit par une baisse du taux vibratoire. Taux vibratoire et taux de vitalité sont liés.

Lorsque ces taux sont bas, il peut y avoir deux conséquences :

- soit cela va limiter vos capacités de communication, car votre taux ne sera pas assez élevé. Vous risquez de ne pas ressentir la présence ou d'entendre le message malgré leur manifestation ;
- soit vous prenez un risque plus important, celui de voyager sur un plan de conscience de basse vibration, c'est-à-dire le bas astral. Vous pensez être sur un plan élevé alors que ce n'est pas le cas. Vous pouvez alors communiquer, non pas avec l'âme défunte demandée, un guide, un esprit allié ou votre animal, mais avec une

entité négative qui peut vous faire croire qu'elle est l'entité que vous avez souhaité appeler et avec laquelle vous pensez être en train de communiquer. Elle peut même vous délivrer un faux message.

Le stress a les mêmes conséquences que la fatigue, c'est un état émotionnel qui baisse votre taux vibratoire et votre protection. Il est préférable de ne pas faire de pratiques médiumniques lorsque vous rentrez de votre travail (si la journée a été fatigante ou stressante), ou après un moment de discorde ou d'émotion forte.

Je vous donne un exemple :

> *Vous écoutez la radio ou de la musique sur votre playlist. Une chanson vous rappelle un être cher et vous conduit dans un état d'émotivité intense. Vous décidez de communiquer avec ce défunt proche. Dans cet état d'émotivité, vous vibrez avec votre plexus solaire (siège des émotions). Or, la communication se fait sous une vibration alpha, c'est-à-dire en état modifié de conscience, en vibration avec le chakra du cœur. Il serait bon et prudent de ne pas pratiquer la communication à cet instant mais d'attendre que vous soyez apaisé émotionnellement.*

Concernant la fatigue, soyez à votre écoute, et surtout à l'écoute de votre corps. La fatigue ne se manifeste pas seulement lorsque nous avons peu dormi. Elle peut survenir pour différentes raisons que nous occultons bien souvent dans nos vies. En effet, dans notre société actuelle, tout va vite et nous ne nous accordons que peu de pauses. Cette suractivité touche non seulement l'aspect physique mais aussi cérébral, car nous devons penser à plusieurs choses en même temps. Et nos contraintes personnelles et professionnelles nous imposent d'être toujours en alerte. Sur le plan émotionnel, nous n'avons plus le temps d'écouter nos ressentis, comme si nous ne pouvions pas nous le permettre sous peine de paraître faibles ou d'encourir un résultat catastrophique. La fatigue et le stress apparaissent et s'installent subrepticement à travers des facteurs quotidiens. Ces facteurs de fatigue ou de stress sont omniprésents dans nos modes de vie mais ils sont si habituels que nous n'y prêtons plus attention.

Ces facteurs sont :

- un mode de vie déséquilibré ;

- une alimentation industrielle, raffinée, dénaturée et dévitalisée ;
- la sédentarité et le manque d'activités physiques ;
- le manque de sommeil ou un sommeil irrégulier ;
- toute dépendance toxique comme le tabagisme et l'alcoolisme, l'addiction au sucre blanc, aux drogues et aux médicaments, ainsi que la surconsommation de compléments alimentaires superflus ;
- la pollution à tous les niveaux : de l'air (surtout en ville), des eaux, de l'alimentation, des vêtements, du mobilier, des produits de nettoyage et d'entretien, de bricolage et de jardinage, etc. ;
- les nuisances sonores (par exemple un aéroport, une ligne de chemin de fer ou une route surchargée près de chez soi) et les bruits de fond inadaptés.

Évidemment, cela n'est pas toujours facile de limiter ces facteurs et de mettre en place des règles vertueuses, selon notre lieu de vie et notre situation économique ou géographique (habiter dans une grande ville par exemple), ou nos dépendances qui demandent dans un premier temps une prise de conscience et une thérapie si nous le souhaitons.

La pollution énergétique (les énergies négatives)

Cette règle est l'une des plus importantes pour une bonne pratique médiumnique ou énergétique. Les énergies négatives sont un vecteur de blocage des capacités, elles sont source d'impact des entités négatives et nous plongent facilement dans la peur et les doutes.

Le médium est très souvent en contact avec les différentes énergies négatives, voire quotidiennement si la médiumnité est devenue son activité professionnelle. Il canalise avec des personnes qui peuvent être en très basse vibration pour les aider ou les soigner. Au-delà de la sphère médiumnique, nous sommes touchés et pollués régulièrement par les énergies ou entités négatives : par exemple au travail ou dans les lieux publics (gare, aéroport, salle de sport, etc.). Nous nous polluons aussi nous-mêmes avec des pensées négatives et des émotions comme la colère ou le rejet.

Ainsi, nous ne pouvons échapper au contact des énergies négatives naturelles ou des situations et personnes négatives au quotidien.

Et même si la spiritualité tient chez nous une place importante, nous avons une vie terrestre et devons honorer la mission qui nous est offerte pour cette vie en tant qu'humains. Ce qui implique d'être en contact avec d'autres personnes et nous confronter à des situations qui peuvent ébranler notre paix intérieure. Que ce soit en qualité de médium, de guérisseur, ou simplement en tant qu'humains, il est impératif de nous purifier des énergies négatives régulièrement.

La fréquence de ce nettoyage dépend de notre activité médiumnique, des lieux que nous fréquentons et de nos états émotionnels. Généralement, un nettoyage s'opère toutes les semaines. Si vous vivez en ville, cela peut être plus fréquent et, inversement, si vous vivez à la campagne, une fois tous les quinze jours ou une fois par mois semble suffisant.

Dans les cas particuliers : lorsque vous pratiquez quotidiennement à travers des soins, de la voyance, des séances de médiumnité, la fréquence doit être intensifiée selon l'impact énergétique que vous avez absorbé. Le degré d'impact énergétique est visible par le biais de votre corps physique : fatigue, manque de sommeil, manque d'ancrage, vertiges ou nausées. Dans ces cas précis, une purification est urgente. Soyez à l'écoute de votre corps. Plus vous l'écoutez, plus vous apprendrez à reconnaître ses messages. Une bonne protection permet de limiter les impacts et d'alléger la fréquence des nettoyages. N'en demeure pas moins qu'une purification mensuelle, quelle que soit la technique utilisée, est nécessaire à tout être.

Il existe différentes techniques ou pratiques de purification des énergies négatives. Je vous en propose quatre, que vous pouvez pratiquer soit avec autrui, ou un énergéticien, soit en toute autonomie, afin de maintenir votre taux vibratoire mais aussi votre bien-être intérieur et ainsi votre médiumnité.

Bain yogique

Le bain yogique est un excellent moyen de se nettoyer et de se purifier des énergies négatives. La phase de pleine lune est le moment idéal pour se faire un bain de purification et ainsi se nettoyer et se protéger.

Faites couler un bain. Ajoutez du gros sel gris ou du gros sel bio (pas de sel de table), du bicarbonate de soude et quelques gouttes d'huile essentielle de lavande. Pour les doses, commencez par des petites quantités afin de tester vos réactions à la purification (ou selon l'importance du nettoyage):

- 250 g de sel;
- 1 verre de bicarbonate de soude;
- 3 ou 4 gouttes d'huile essentielle de lavande.

Progressivement, ou si vous avez besoin d'une purification plus forte, utilisez les doses suivantes:

- 500 g de sel;
- 300 g de bicarbonate de soude;
- 7 à 8 gouttes d'huile essentielle de lavande.

Placez-vous dans l'eau et restez-y pendant 20 minutes. Si vous ressentez des nausées, c'est que la purification s'opère. Toutefois, si celles-ci s'intensifient ou si vous ressentez des étourdissements avant la fin du bain, sortez de l'eau, après un rinçage à l'eau claire de la tête aux pieds afin de bien nettoyer toutes les énergies négatives. Dans tous les cas, dès la fin du bain, rincez-vous avec soin à l'eau claire de la tête aux pieds.

Autosoin ou soin énergétique

Le soin énergétique, qu'il soit réalisé par autrui ou en autoguérison, permet le nettoyage des énergies négatives. Le soin aide aussi à élever notre taux vibratoire, à harmoniser nos chakras, à rééquilibrer nos polarités, ou à nous libérer du stress ou des angoisses, ce qui aide considérablement pour le développement et le maintien de notre médiumnité.

Lorsque nous débutons notre pratique médiumnique, le nettoyage est un bon soin pour la purification des énergies négatives (en dehors d'une séance dans le cadre de la guérison ou de la libération karmique). Ensuite, à force d'expérience, un bain yogique ou des techniques énergétiques de purification suffisent à nous purifier, mais encore faut-il les faire régulièrement (voire se laver après chaque travail médiumnique): communication, écriture automatique ou inspirée, etc.

Attention, je vous conseille de ne pas cumuler les soins ou les techniques en espérant progresser plus vite ou ouvrir plus rapidement votre canal. Cela est nocif pour votre corps physique (car celui-ci se modifie en parallèle de votre transformation intérieure) et vos corps énergétiques, qui n'ont pas le temps d'ingérer les nouvelles informations, ni d'évacuer ce qui a besoin d'être nettoyé.

Rituel de purification

Installez-vous dans un endroit calme, où vous méditez par exemple ou dans la nature si vous le pouvez. Accordez-vous ce moment quand vous êtes disponible, cela est important d'être présent et de ne pas être dérangé.

Debout (si cela vous est possible physiquement) ou assis sur une chaise, fermez les yeux.

Visualisez une lumière dans votre cœur. À l'inspiration, cette lumière grandit ; à l'expiration, elle se diffuse dans votre poitrine. Deuxième inspiration, la lumière grandit ; à l'expiration, elle se diffuse dans le corps. Troisième inspiration, la lumière grandit dans le cœur ; à l'expiration, elle remplit tout votre corps.

Placez vos mains sur votre plexus, visualisez un grand feu dans votre ventre. Vous allez imaginer sortir de votre ventre une boule de ce feu intérieur, le feu de votre pouvoir de purification.

Devant vous, vous visualisez cette boule de feu dans vos mains, comme un soleil ardent. Puis, vous allez le séparer en deux soleils, un dans chaque main.

Vous approchez vos mains de vos yeux et posez la paume des mains sur chaque œil (paume gauche sur œil gauche et paume droite sur œil droit).

Visualisez les deux soleils qui entrent par vos yeux, remplissent votre crâne, puis la lumière descend petit à petit dans votre corps.

Visualisez lentement cette lumière qui descend dans :

- le visage ;
- les yeux ;
- la bouche ;
- le menton ;
- le cou ;
- l'épaule droite ;

- le bras droit ;
- le coude droit ;
- le poignet droit ;
- la main droite ;
- l'épaule gauche ;
- le bras gauche ;
- le coude gauche ;
- le poignet gauche ;
- la main gauche ;
- la poitrine ;
- le ventre ;
- les hanches ;
- le bassin ;
- les organes génitaux ;
- la cuisse droite ;
- le genou droit ;
- la cheville droite ;
- le pied droit ;
- la cuisse gauche ;
- le genou gauche ;
- la cheville gauche ;
- le pied gauche.

Puis visualisez la lumière qui sort de vos plantes de pied, et pénètre dans la Terre.

Dites trois fois : « Je demande un nettoyage complet et parfait de mes corps, des énergies négatives, pensées négatives, personnes négatives, ici et maintenant. »

Puis vous pouvez rouvrir les yeux.

Le nettoyage à sec

Cette technique permet de renforcer notre énergie et de nous déconnecter de l'influence des énergies non compatibles des personnes avec lesquelles nous entrons en contact, des choses, des situations, et même de nos propres pensées et émotions.

1. Placez votre main droite sur l'épaule gauche et descendez doucement en diagonale jusqu'à la hanche droite.
2. Placez votre main gauche sur l'épaule droite et descendez doucement en diagonale jusqu'à la hanche gauche.
3. Placez votre main droite sur l'épaule gauche et descendez doucement en diagonale jusqu'à la hanche droite.
4. Placez la main droite sur l'épaule gauche et descendez doucement le long du bras gauche jusqu'à la main, puis la paume et le bout des doigts.
5. Placez la main gauche sur l'épaule droite et descendez doucement le long du bras droit jusqu'à la main, puis la paume et le bout des doigts.

L'ancrage

L'ancrage est notre connexion à la Terre, à nos besoins physiques et matériels. Une personne bien ancrée est à l'aise dans sa vie terrestre, faite de matière. L'ancrage nous lie à tout ce qui est matériel: l'alimentation, le corps, l'argent, le logement, etc. Mais surtout, c'est notre connexion à la réalité.

Un bon ancrage apporte le succès, une belle énergie physique, la maîtrise de notre corps et son écoute, l'enracinement, notre individualité en trouvant notre place dans ce monde, la stabilité et la sécurité. Ancrés, nous faisons preuve de courage et de patience, nous sommes connectés à notre abondance.

S'ancrer permet de nourrir un profond sentiment de sécurité et de confiance en soi, en la vie, en l'avenir. C'est vivre pleinement le moment présent en arrêtant de se projeter dans le futur. Ce futur que nous imaginons est souvent source de peur et d'angoisse face à l'inconnu et aux événements hypothétiques qui pourraient se produire. Ces peurs et ces projections négatives ont un impact sur la manifestation de nos capacités médiumniques et aussi sur la véracité des messages reçus.

Quels sont les avantages d'un bon ancrage ?

Nous arrêtons de vivre dans le passé. Comme pour la projection dans le futur, si nous sommes dans le passé (ou à ruminer notre passé), nous ne profitons pas de l'instant présent. Dans le passé, nous nous remémorons des moments qui sont sources de regrets, de remords, des moments traumatisants et nous nous maintenons ainsi dans une vibration négative.

Nous acceptons l'être que nous sommes avec nos défauts et nos qualités. Lorsque nous nous aimons tels que nous sommes, nous ne doutons plus de nous et donc de nos capacités. Dès lors, cette acceptation nous permet de nous ouvrir à la médiumnité sans douter. Nous acceptons notre vie sur Terre comme une expérience et nous lui donnons un sens.

L'ancrage nous permet aussi de garder le sens des réalités, de faire preuve de discernement et d'objectivité face aux événements de la vie. En étant plus présents, nous pouvons appréhender plus clairement les situations. Être ancrés nous évite de nous perdre dans les dimensions supérieures (d'être sans cesse dans la lune) et de nous tromper de plan vibratoire lors d'une communication. L'ancrage permet d'élever notre niveau d'énergie et nous ouvre à la source d'abondance. En effet, ce n'est pas l'énergie du ciel qui est la plus puissante, c'est l'énergie de Gaia, notre Terre mère. Pour finir, un bon ancrage nous libère ou nous aide à la libération de nos peurs. Cela nous amène à parler des conséquences du manque d'ancrage, principalement lorsque nous sommes médiums.

Le manque d'ancrage se manifeste par des symptômes tels que le manque de dynamisme et de courage, la paresse ou le manque de confiance en soi, l'étourderie, voire le déséquilibre. Si nous ne sommes pas ancrés ou peu ancrés, nous sommes dans un état de flottement et de déconnexion par rapport à la réalité. Nous avons alors tendance, il faut l'avouer, à fuir la réalité, ce qui entraîne des situations compliquées à gérer car nous ne trouvons pas la force et le courage de les affronter. Cela crée aussi un fort sentiment d'insécurité.

Ce manque de sécurité créé par l'absence d'enracinement provoque des peurs comme la peur de manquer, la peur des autres, de l'abandon, d'être trahi ou rejeté. Mais les peurs qui nous intéressent ici et qui représentent des blocages à nos capacités ou à la manifestation de nos capacités sont la peur de nous tromper (donc nous ignorons les messages que nous recevons), la peur de mal faire (donc nous ne faisons pas) et la peur de l'invisible (donc nous fuyons nos capacités médiumniques).

Le manque d'ancrage et la médiumnité (ou réception des messages)

Nous sommes reliés en permanence aux énergies telluriques et cosmiques. Un manque d'énergies telluriques (c'est-à-dire d'ancrage) ou bien un excès d'énergies cosmiques entraîne un déséquilibre sur le plan énergétique. L'ancrage qui consiste à s'enraciner dans la Terre pour y puiser son énergie sert à équilibrer ces deux forces. Sans ces deux forces, nous sommes en dysharmonie énergétiquement, émotionnellement, physiquement et spirituellement.

Avant toute pratique spirituelle, tout travail psychique ou énergétique, il est important d'être solidement ancré afin de ne pas perdre le sens des réalités et de pouvoir revenir par la suite à sa conscience normale et à sa vie de tous les jours. Sans ancrage, nous risquons de sortir de notre réalité terrestre (qui reste le choix de notre âme par notre incarnation) et de vagabonder dans l'imaginaire et les voies de l'illusion. Dans cette hypothèse, nos messages seront faussés, et les informations non révélatrices. De plus, la connexion médiumnique nous élève mais, sans ancrage, nous risquons de rester en élévation de conscience, et donc de nous déconnecter de notre incarnation. Or, notre mission sur Terre est de nous incarner pleinement pour arpenter le chemin de lumière qui nous est destiné (que notre âme, c'est-à-dire nous, a choisi). Cela peut aussi entraîner des conséquences sur notre équilibre, la gestion de nos émotions et notre sommeil, ce qui générera de la fatigue, du stress, du doute et des peurs.

L'ancrage favorise le développement des capacités psychiques. Certains pensent à tort que le fait de nous ancrer empêche une bonne connexion, et nous sépare de la source ou de nos capacités de clair-ressenti, claiaudience ou clairvoyance. C'est une erreur, au contraire l'ancrage permet d'établir des liens spirituels entre les différents mondes, et assure une intuition optimale en calmant le mental.

J'ai le souvenir, lors d'un stage dont le thème était l'ouverture du canal médiumnique, d'un participant qui ne voulait pas s'ancrer car il craignait de perdre cette capacité à se connecter à des plans subtils. Par ailleurs, il m'a confié qu'il était souvent malade, étourdi et qu'il se sentait souvent angoissé. Cette remarque fut la raison de notre échange sur l'importance de l'ancrage. Lorsque nous privilégions les énergies telluriques consciemment (comme dans son cas) ou inconsciemment, nous prenons ce risque d'être désancrés et de tomber malade. En effet, par ce manque d'ancrage intense, nous nous déconnectons de notre corps, provoquant ainsi des peurs, des troubles physiques conséquents pour la santé physique mais aussi émotionnelle, mentale et spirituelle.

L'ancrage est donc primordial pour un médium. Devant être souvent sur d'autres plans et des plans supérieurs, cela nous permet de garder un équilibre mental, et de faire preuve de discernement et de lucidité. Nous restons détachés et présents sur ce que nous pourrons entendre, voir, ressentir lors de nos séances, lorsqu'une âme défunte fera appel à nous, ou que nous pratiquons une communication ou un travail médiumnique. L'ancrage est aussi une protection pour le médium qui est en contact avec le monde astral (et donc le bas astral). En effet, comme nous l'avons déjà évoqué, une protection est nécessaire contre les énergies négatives, et les éventuelles attaques d'entités négatives.

La méditation d'ancrage

Avant la méditation, veuillez préparer votre corps :

- Debout : vous secouez vos mains autour de votre corps (comme pour le sécher) en visualisant toutes les énergies négatives qui descendent jusqu'à vos doigts.
- Mettez vos mains dans vos cheveux, attrapez délicatement vos racines et tirez doucement pour décoller le cuir chevelu. Faites cette opération pour tout le crâne.

Pour cet exercice, équipez-vous :

- d'un coussin (pour vous asseoir) ;
- d'un jaspe rouge ;
- d'une bougie rouge (ou blanche).

Je vous invite à vous installer confortablement en position assise (en lotus) dans un lieu calme. Placez la pierre (jaspe rouge) sous le corps, au niveau des organes génitaux, précisément sous votre sacrum.
Basculez votre bassin délicatement sur la pierre.
Allumez la bougie qui représente l'énergie de la Terre.
Ensuite, concentrez-vous sur la pierre, et imaginez son énergie qui envahit tout votre bassin. Soit dans une lumière blanche, soit une lumière rouge (selon la couleur de votre bougie).
Vous allez procéder à la connexion à la Terre mère. La lumière remonte de votre bassin à votre cœur puis continue de monter jusqu'au ciel et se connecte à un soleil doré et puissant au-dessus de votre tête. Puis la lumière (ou le rayon) redescend dans le corps.
Imaginez que des racines de couleur rouge sortent au niveau de vos jambes, de vos pieds et de votre sacrum pour se planter dans la

Terre mère. Les racines descendent jusqu'au noyau lumineux de la Terre mère, un noyau énergétique blanc bleuté.
Poussez votre corps dans le sol (comme pour vous enfoncer dans le sol), et faites remonter l'énergie lumineuse par les racines jusqu'aux organes génitaux. Continuez la montée vers votre cœur. Faites dix cycles d'inspiration-expiration en conscience.
Inspirez : le rayon monte de votre sacrum à votre cœur.
Expirez : le rayon se diffuse dans votre cœur.
Pour finir, après les dix respirations en conscience, restez en état d'accueil et à l'écoute de vos ressentis dans le corps.
Vous pouvez effectuer aussi cet exercice debout dans la nature. Dans ce cas, n'utilisez pas de pierre, c'est l'énergie de la Terre qui sera directement votre source d'ancrage, qui remplira votre bassin pour monter dans vos jambes jusqu'à votre cœur.

La protection

Notre capacité de médium ne nous exonère pas d'une protection, bien au contraire, car nous pouvons être confrontés à des entités négatives.

Une entité négative n'est pas forcément méchante, elle peut être une âme désincarnée, errante ou du bas astral parce qu'elle n'a pas encore vécu d'élévation de conscience lors de ses incarnations. Cela peut être aussi une « âme noire », ne voyez pas là un démon ou une force démoniaque, mais juste une âme défunte qui n'a pas réglé ses problématiques, et qui est empreinte de tristesse, de colère et de rancune (non-pardon).

Il est toujours délicat de parler de protection, car cette notion peut cacher une peur. Or la peur est une énergie égotique ou négative, dans le sens où elle ouvre une faille et attire à nous ce que nous craignons, elle nous rend plus fragiles vis-à-vis des énergies négatives. Sauf si cette peur est salutaire évidemment.

Pour ces raisons, j'émets une réserve sur la protection : celle-ci doit être vue comme un filet de secours, une prévention, et non comme une béquille pour répondre à une peur profonde de l'invisible.

Pourquoi me direz-vous ? Car si nous agissons par peur, le problème premier n'est pas la présence d'entités ou leurs éventuelles attaques, c'est la peur elle-même. La différence est que si nous nous protégeons dans une optique de prévention, nous agissons dans l'amour de nous-mêmes, dans une approche de responsabilité qui est favorable à notre bien-être. Mais si nous nous protégeons car nous sommes dans la peur, nous agissons avec une vibration négative et nous attirons ainsi à nous ce qui nous fait peur.

Il semble important de regarder la protection de manière objective, sinon nous finissons par faire des rituels et des dégagements à répétition dans la peur incessante d'être attaqués.

Pour autant, le monde subtil cache son obscurité, car tout ce qui est création divine est à la fois ombre et lumière. Il devient alors nécessaire de nous protéger dans notre quotidien mais surtout lorsque nous pratiquons des exercices énergétiques, méditatifs ou médiumniques. Le médium par sa qualité de communicant doit prendre sa protection au sérieux car naturellement il attire à lui les entités et ressent toutes les énergies.

J'aimerais ajouter qu'au-delà de cette prévention qui me paraît importante, notre meilleure protection est notre foi et notre lumière. Les doutes et les peurs appellent une énergie négative, nous devons donc prendre soin de notre énergie et de la nature de nos pensées.

Je vous propose différentes techniques de protection. Certaines sont à pratiquer quotidiennement, d'autres sont à utiliser dans des cas précis. Vous ne devez pas faire toutes ces protections en même temps ou le même jour. Choisissez celle qui résonne en vous et vous semble la plus adaptée à la situation qui demande cette protection. J'ai choisi des techniques simples, faciles d'utilisation et accessibles à tous.

La bulle de lumière

La première protection est la bulle de lumière. Son utilisation est double. Elle peut être utilisée quotidiennement, le matin par exemple, après la routine matinale, au réveil ou avant de partir travailler. Mais il est tout aussi possible de l'utiliser lorsque nous nous rendons dans des lieux publics ou chez des personnes susceptibles de nous impacter avec des énergies négatives. Ne négligez pas l'impact de certains lieux comme les salons du bien-être qui sont remplis d'énergies négatives. En effet, les personnes soignent ou font des canalisations tout au long de la journée, sans que le lieu soit nettoyé.

Comment réaliser une bulle de lumière ?

Debout ou en position assise, choisissez un moment de calme et de tranquillité pendant lequel vous ne serez pas dérangé. Commencez à vous concentrer sur votre respiration :

- 3 respirations ventrales.
- 3 respirations complètes.

Puis, vous mettez juste votre attention sur votre respiration, le mouvement de votre abdomen, l'air qui passe dans vos narines, la vibration de vos narines sous le passage de l'air à l'inspiration.
Ensuite, placez votre concentration au niveau du cœur et visualisez une flamme, une lumière ou un soleil lumineux :

- Inspiration : la lumière s'intensifie.
- Expiration : la lumière se diffuse dans toute la poitrine.
- Inspiration : la lumière s'intensifie.
- Expiration : la lumière se diffuse dans toute la poitrine, les bras, le bas-ventre.

Continuez ainsi à diffuser la lumière dans tout le corps en expirant. Quand le corps est rempli de lumière, celle-ci, toujours en partant du cœur, va se diffuser au-delà de votre corps. Elle sort de votre peau et vous entoure complètement. Elle crée une bulle de lumière tout autour de vous.
Vous pouvez répéter trois fois cette phrase : « Je suis dans ma bulle de protection impénétrable. »

Lorsque vous êtes pressé, vous pouvez aussi réaliser cet exercice plus simplement. Debout, vous imaginez une bulle de lumière venue du monde éthérique descendre sur vous et vous envelopper entièrement. Dites ensuite trois fois : « Je suis dans ma bulle de protection impénétrable. »

Cela dit, si vous avez choisi cette protection, je vous conseille fortement de faire le plus souvent possible la première technique, plus longue mais plus durable.

Les bougies

Les bougies sont des outils de protection. En effet, elles représentent la lumière. Au-delà de leur protection, les bougies peuvent aussi aider à la connexion et à la communication avec les défunts, car ceux-ci aiment la lumière.

Il est fondamental de bien poser notre intention lorsque nous allumons notre (ou nos) bougie(s). Elles peuvent être présentes pour la communication, soit pour une prière, soit pour une protection.

Lorsque nous les utilisons pour une connexion ou une communication, nous pouvons appeler les membres de la famille défunte, les amis défunts, les guides, les anges ou des archanges, et les esprits animaux.

Lorsque nous les utilisons pour une prière, elles invoquent le lien entre notre âme et la source. Elles nous connectent au plan supérieur afin que notre demande soit entendue.

Et lorsque nous les utilisons pour nous protéger, les bougies apportent un champ énergétique de protection et éloignent de nous les énergies et les entités négatives. Dans ce cas, il est souhaitable qu'elles soient d'une couleur spécifique : blanc, bleu pour la protection, bordeaux pour la connexion avec les esprits alliés, violet ou bleu pour la connexion avec les plans subtils, vert pour une prière de guérison, rose pour une prière d'amour ou sentimentale. Évitez le noir.

La prière

La prière est une demande au divin. Il n'existe pas une prière type car chaque demande est unique. Nous pouvons donc orienter notre prière sur une demande de protection.

Il existe de nombreuses prières de protection. Mais il est aussi très lumineux de faire sa demande avec les propres mots de son cœur. La prière peut s'utiliser quotidiennement (le matin au lever ou le soir au coucher). Elle peut aussi être pratiquée pour un rituel ou une cérémonie. On peut aussi l'utiliser par exemple avant un soin ou un exercice médiumnique, mais la bulle de lumière ou le corps de feu (que nous verrons plus loin) sont plus appropriés dans cette hypothèse.

Il existe de nombreuses prières de protection mais vous pouvez réciter votre propre prière. Comment la formuler ?

Premièrement, il faut choisir quelle énergie de lumière et hautement vibratoire vous voulez invoquer pour vous protéger. Le choix vous appartient mais je vous propose quelques énergies liées à la protection :

- Les archanges (Michel ou Mickaël).
- Un dragon.
- Une licorne.
- Le divin (Dieu ou l'Univers).
- La lune.
- Jésus.

Ce ne sont que des exemples.

Cependant, il ne faut pas invoquer les défunts proches (appartenant à la famille), ce n'est pas leur rôle. Ils sont là pour nous guider et nous aimer dans notre quotidien par le biais de messages, mais ils ne sont pas là pour nous protéger des entités et énergies négatives.

De plus, selon les lois de l'Univers, nous ne devons pas appeler les âmes défuntes. Nous pouvons leur parler, leur dire que nous les aimons, qu'elles nous manquent, mais ce sont elles qui choisissent de venir ou pas. Sauf si nous avons une question qui nous permet de nous libérer d'une problématique liée à notre karma ou au transgénérationnel.

Comment faire votre prière de protection ? Vous pouvez, si vous le souhaitez, faire un autel avant de faire votre prière. Cela n'est pas une obligation, dès lors que l'intention est dans le cœur.

Ensuite, soit :

- vous lisez la prière que vous avez choisie (une prière déjà rédigée) ;
- vous énoncez votre propre prière (avec l'énergie de lumière hautement vibratoire choisie et vos propres mots).

Vous pouvez lire ou réciter à haute voix ou dans le silence de votre cœur, cela n'a pas d'importance.

Si vous formulez votre propre prière, voici quelques conseils :

- Citez l'énergie de lumière que vous avez choisie : esprit, divinité, entité, Dieu, archange, etc.
- Symbolisez ou visualisez cette énergie dans votre esprit.
- Remerciez-la de sa présence (mettre une offrande).
- Demandez-lui sa protection et indiquez pourquoi vous avez besoin de sa protection.
- Remerciez-la de son aide.

Le dernier point est sûrement le plus important : remercier. En effet, quelle que soit la prière et la technique choisies, ou l'énergie que vous avez appelée, soyez reconnaissant à travers des mots de remerciements.

Le corps de feu

Le corps de feu est une pyramide de purification et de protection puissante. C'est une technique très simple à faire mais très efficace. Vous pouvez l'utiliser lors d'un événement particulier, lorsque vous allez prodiguer un soin, que vous vous rendez dans des lieux publics comme un concert par exemple. Il permettra de créer un rempart énergétique impénétrable énergétiquement.

Le corps de feu

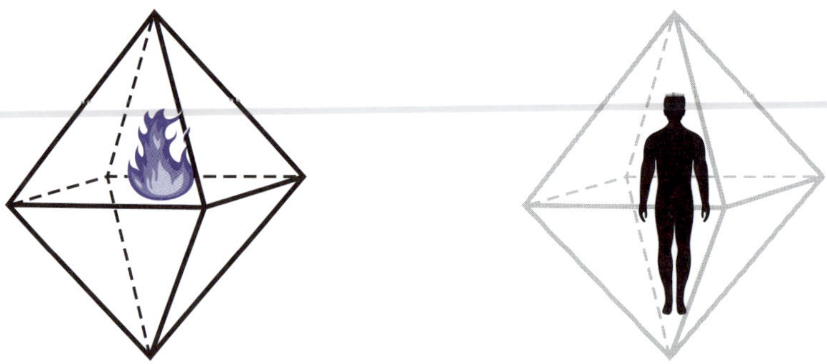

A B

Le corps de feu est cette forme géométrique qui se nomme un octaèdre, qui se compose de huit faces en forme de triangle. Au centre une base carrée (où se situe le feu sur le dessin A).

Comment réaliser la prière du corps de feu ?

Cette prière se fait par visualisation en quatre étapes. Les dessins sont présents pour vous aider dans cette visualisation. Elle consiste à vous placer à l'intérieur du corps de feu, qui devient une puissante protection contre les énergies et entités négatives.
Cette prière doit s'utiliser uniquement lors d'exercices énergétiques, chamaniques ou médiumniques, et la pratique des soins. Pour la protection quotidienne, privilégiez et préférez les prières de saint François d'Assise ou une prière de votre choix.
Voici les quatre étapes de la visualisation pour activer le corps de feu et bénéficier de sa protection :

- Tracez ou projetez la base carrée au niveau de votre bassin.
- Tracez les quatre pans triangulaires pleins du haut l'un après l'autre : du sommet de la pyramide vers la base carrée ou de la base carrée au sommet de la pyramide.
- Tracez les quatre pans triangulaires pleins du bas depuis la base carrée vers la pointe de la pyramide, ou de la pointe vers la base carrée. Ceci de manière à avoir tout le corps à l'intérieur de l'octaèdre (base carrée à la taille) comme sur le dessin B.
- Placez la flamme du corps de feu au creux de votre poitrine.

Dès que vous avez la visualisation complète dans votre esprit, répétez trois fois à haute voix : « Corps de feu. » La prière de protection est activée.

Le pendule : outil radiesthésique et divinatoire

Le pendule de radiesthésie est de plus en plus convoité, que l'on soit initié ou simplement profane en la matière. Mais il n'est pas toujours facile de s'orienter dans le choix d'un premier pendule, d'en saisir l'utilisation et tout son potentiel.

Le pendule est un objet extraordinaire aux multiples fonctions : un outil de radiesthésie permettant d'étudier la géobiologie et, depuis des siècles, un outil divinatoire.

Nous allons aborder ces deux fonctions car elles ont chacune leur intérêt dans le développement des capacités médiumniques. Le pendule de radiesthésie permet de calculer le taux vibratoire. Même si un taux vibratoire ne fait pas toute la spiritualité d'un être, il reste vital pour le médium qui pratique régulièrement. Le pendule divinatoire permet d'obtenir des réponses, il devient alors un oracle, un messager du subtil. Il détient une troisième fonction pour le soin, mais nous n'aborderons pas cette facette du pendule dans cet ouvrage.

Même si aujourd'hui la popularité du pendule tourne principalement autour de la divination, la discipline qui traite de l'utilisation du pendule est la radiesthésie (qui signifie « sensibilité aux rayons, aux vibrations »).

Avant de commencer à étudier les différentes fonctions du pendule, il faut répondre à cette question : quel pendule choisir ? Selon la fonction que nous lui attribuons, le choix est différent. Apportons quelques éclaircissements.

Le choix du pendule

Le choix de pendules de radiesthésie est vaste ! Il existe des pendules de différentes matières et de différentes formes. Tout dépend de l'utilisation que vous en faites.

Selon la matière et la forme, la fonction du pendule est différente. Certes, vous pouvez aller contre cette fonction, mais l'efficacité du pendule en sera sérieusement altérée. La matière est un point clé dans l'utilisation et donc dans le choix du pendule. Les trois matières principales sont le métal, la pierre et le bois.

Le pendule en métal est très utilisé principalement en géobiologie pour une raison simple : le poids. En effet, les géobiologues sont souvent à l'extérieur pour leur activité. Lorsqu'ils utilisent le pendule dehors, il ne faut pas que les éléments extérieurs puissent perturber ou influencer le mouvement ou l'immobilité du pendule. Cela aurait pour conséquence de fausser les résultats. Le pendule en métal est plus adapté aux avertis, contrairement à celui en bois qui est idéal pour les débutants.

Pourquoi ? Lorsque nous commençons à utiliser le pendule divinatoire, il faut que notre taux vibratoire s'aligne avec le pendule. Selon l'expansion ou la fréquence de notre taux vibratoire, le pendule sera plus ou moins réceptif à notre énergie. Mais cela dépend aussi du poids du pendule. Notre champ magnétique et énergétique se développe au fur et à mesure de la pratique du pendule et aura pour effet un mouvement plus défini, précis et élargi du pendule. Le poids peut donc être un critère de choix pour l'acquisition de votre pendule, selon que vous l'utilisez à l'extérieur ou à l'intérieur.

Le pendule en métal est véritablement plus lourd que le pendule en bois. Si vous débutez avec ce pendule, vous risquez d'obtenir une faible réaction. Alors que *le pendule en bois*, très léger, va être beaucoup plus réceptif et son mouvement sera très rapidement ample. De plus le bois, dans sa matière noble, est un excellent conducteur d'énergie, ce qui fait du pendule en bois un merveilleux récepteur d'énergie. Il faut toutefois préciser que le pendule en bois est moins précis que le pendule en métal (d'où aussi le choix des géobiologues pour les pendules en métal).

Si malgré votre statut de novice dans l'utilisation du pendule, c'est celui en métal qui vous attire, tournez-vous vers un pendule en goutte d'eau qui convient parfaitement à un débutant. Il existe aussi le pendule en métal à la forme spirale, mais celui-ci est mieux adapté à une personne avertie.

Le pendule en pierre est idéal pour le soin énergétique ou le nettoyage des chakras. La pierre de cristal de roche est la plus adaptée à cette utilisation. Faites le choix de la pierre selon vos ressentis, votre intuition ou ce qui vous appelle. Ou encore selon les vertus de la pierre. Dans ce cas, renseignez-vous auprès des enseignants en lithothérapie ou prenez conseil dans une boutique de pierres.

Il existe différentes formes de pendule, elles sont au nombre de six (en regroupant de manière synthétique) : sphérique, conique, goutte d'eau, spirale, témoin et égyptien.

Les pendules sphérique et goutte d'eau sont les plus faciles à utiliser, quelle que soit la matière (métal, bois ou pierre).

Le pendule spirale, tout comme le pendule égyptien, est adapté essentiellement à la géobiologie. Pour autant, le pendule égyptien est très utilisé en divinatoire car il porte aussi des mémoires esséniennes et énergétiques égyptiennes puissantes.

Le pendule égyptien est en effet le pendule le plus puissant, il est à la fois un excellent récepteur et émetteur. Il est précis et très réceptif à l'énergie. En revanche, il ne convient pas du tout pour le soin ou le nettoyage des chakras (quelle que soit la matière). Il n'a pas besoin d'être régulièrement nettoyé et rechargé contrairement aux autres pendules comme celui en pierre qui demande un entretien régulier (le sujet du nettoyage et de la recharge est traité plus loin).

Le pendule égyptien est la représentation de l'amulette ouadj. Selon la mythologie égyptienne, cette amulette conduisait les morts et elle était utilisée par les prêtres et les pharaons pour les cérémonies ou rituels de magie divine.

Le pendule témoin offre pour seul avantage la possibilité de placer quelque chose à l'intérieur. Nous pouvons y mettre une intention ou le prénom d'une personne avant son utilisation (en l'écrivant sur un tout petit morceau de papier que vous allez placer dans le témoin du pendule). Il est important de préciser que dès lors que l'on pose une intention à l'intérieur du pendule, comme un prénom par exemple, les questions posées ou les exercices pratiqués doivent concerner cette intention et/ou cette personne.

La force du *pendule conique* est sa précision. Il est souvent majoritairement constitué de pierre (rarement de métal ou de bois). Si vous souhaitez de la précision mais que vous préférez le métal, optez pour un pendule spiral ou égyptien si vous êtes connaisseur et un pendule goutte d'eau si vous êtes débutant.

Malgré toutes ces informations, le choix peut rester difficile. Car souvent, on cherche un pendule pour plusieurs utilisations ou on peut être attiré par différentes formes ou matières. Dans ce cas, ayez plusieurs pendules, c'est mon cas. Et écoutez votre cœur, choisissez avec votre intuition et votre âme tout simplement.

Le pendule radiesthésique

Nous sommes des êtres reliés à une source où tout est connu. Par l'intermédiaire du pendule et de sa pratique divinatoire, nous pouvons avoir accès à des connaissances qui échappent à notre mental (sans faire appel à nos capacités extrasensorielles). Le pendule est la continuité de notre bras, il nous donne accès à des informations que nous ne pouvons obtenir par l'intermédiaire de nos cinq sens. Il est, dans ce cas, la matérialité de notre sixième sens. Toutefois, avec le développement de la géobiologie, le pendule est devenu un outil de mesure. En effet, il permet de mesurer le taux vibratoire de tout organisme vivant par l'unité bovis, sur l'échelle de fréquence du même nom, l'échelle Bovis.

Alfred Bovis s'est intéressé dès le début du XXe siècle à la qualité des aliments. Ses recherches l'ont conduit à l'expérimentation de la fréquence vibratoire des organismes vivants. Il a proposé une unité de mesure qui permet de calculer la fréquence vibratoire de ces organismes : l'unité bovis.

Dans la poursuite de notre parcours de développement des capacités médiumniques, le pendule de radiesthésie est l'outil de calcul de notre taux vibratoire. Ce taux vibratoire de notre corps (physique) est vital pour le médium. Mais avant d'expliquer les raisons de cette importance, déterminons ce qu'est le taux vibratoire.

Le taux vibratoire est une notion de radiesthésie, non reconnue par la science officielle. Selon les radiesthésistes, notre environnement est composé d'énergies et de vibrations. Tout vibre, mais pas avec la même intensité, car les taux sont différents. Nos pensées sont énergies et vibrations. En vérifiant certains paramètres, la qualité de n'importe quel lieu ou de n'importe quel être vivant peut être mesurée, c'est-à-dire son niveau vibratoire et son magnétisme ambiant.

Le taux vibratoire d'un médium doit être élevé. Pourquoi ? Pour ne pas attirer les énergies et les entités négatives. Effectivement, les entités négatives sont attirées par les vibrations alignées à leur fréquence, c'est-à-dire les basses énergies. Ces entités négatives peuvent rester collées sur la personne ou tout autre organisme vivant se trouvant dans de basses vibrations et se nourrir de leur énergie.

Une chose attire essentiellement les entités négatives : la lumière. Seulement, même avec un taux de vibrations bas, nous sommes des êtres de lumière comme tout organisme vivant car nous sommes des créations divines. Deux cas de figure peuvent alors se présenter si une entité est attirée par notre lumière.

Soit nous sommes en basse vibration et elle pourra se coller à nous et se nourrir de notre énergie. Cela ne se sentira pas très intensément dans les premiers jours, mais à long terme, nous ressentirons de la fatigue intense, de la nostalgie, des états de déprime. Les nuits seront remplies de rêves sombres, des vieux schémas ou des addictions vont réapparaître et les ennuis personnels se cumuleront. En toute sincérité, je ne noircis pas le tableau. Véritablement, l'entité peut rester sur notre plan si elle a besoin de notre énergie. Pour qu'elle reste collée dans notre champ énergétique, nous devons être sur sa fréquence vibratoire (une basse fréquence). Elle joue alors avec notre mental afin de nous maintenir en basse vibration et ainsi ne pas être éjectée de notre aura.

Ce constat nous conduit au deuxième cas de figure. Nous sommes en haute vibration, elle gravite autour de nous, tel un papillon autour d'une flamme, mais ne pourra se coller à nous car elle sera repoussée par cette fréquence plus élevée que la sienne.

Un taux vibratoire élevé nous assure donc une protection considérable contre les énergies et entités négatives. Il nous maintient également dans la joie, en bonne santé et permet une canalisation fluide. Être en haute vibration s'avère aussi important que la protection, sachant que les communications ou les exercices médiumniques sont déconseillés (voire interdits) en état de fatigue et de stress.

Le taux vibratoire de tout être humain définit sa fréquence d'énergie, qui correspond à son état de santé physique mais aussi à son niveau d'ascension spirituelle. C'est le taux mesuré par le cadran Bovis qui détermine le taux vibratoire.

Cela signifie que notre taux vibratoire n'est pas figé, nous pouvons le modifier à la hausse, c'est le but de notre chemin spirituel, mais aussi à la baisse, ce qui peut devenir un danger pour le médium. Notre taux vibratoire s'aligne avec les différentes énergies qui nous entourent et qui sont émises par la Terre, l'environnement et les plans célestes. Un autre avantage de l'élévation du taux vibratoire d'un être humain est la manifestation et l'augmentation de son intuition.

L'énergie, et par voie de conséquence le taux vibratoire, est en mouvement constant. Cela implique d'avoir une discipline en matière d'énergies et de santé.

Il est fondamental d'augmenter son taux vibratoire si nous sommes en basses énergies et de maintenir un taux vibratoire élevé dans le cadre de la pratique médiumnique ou en tant que médium, mais aussi dans toute situation.

La protection, la bonne santé et une intuition développée ne sont pas les seuls bénéfices d'un taux vibratoire élevé. Augmenter son taux vibratoire permet :

- de se protéger des basses vibrations de l'entourage ou d'un lieu ;
- d'améliorer sa santé physique, mentale, émotionnelle et spirituelle ;
- de lutter contre le stress et l'angoisse ;
- de faciliter les prises de décisions ;
- de développer ses dons de clairvoyance et de magnétisme ;
- d'atteindre plus facilement ses objectifs et d'augmenter ses facultés à être dans le moment présent ;
- de se relier à la nature et à son âme.

Comment augmenter son taux vibratoire ? Voici quelques pistes.

Le travail énergétique

Le travail intérieur – par des soins énergétiques, la PNL, l'hypnose, la kinésiologie, la sophrologie, etc., ou plus largement du développement personnel en individuel ou en groupe – permet le nettoyage des blessures, des dettes karmiques, des problématiques émotionnelles, physiques et psychiques, ce qui augmente le taux vibratoire.

Plus nous travaillons sur nous (dans le temps, et non dans la proximité des soins), plus notre taux augmente, plus notre vibration est haute, plus nous accédons à des plans subtils. Cela nous permet de travailler encore plus profondément sur nous, mais aussi de révéler notre potentiel médiumnique.

L'augmentation ou le maintien du taux vibratoire varie selon deux paramètres : nos activités et notre mode de vie.

Les activités de vie

Les activités qui augmentent le taux vibratoire sont :

- la méditation ;
- le yoga ;
- le tai chi ou le qi gong ;
- la danse ;
- la création, que ce soit artistiquement (dessin, peinture, écriture, musique, etc.) mais aussi dans son activité professionnelle (développer son entreprise, créer des projets d'entreprise, des publicités, etc.) ;
- la prière ;
- le chant ;
- le jardinage.

Le mode de vie

Voici quelques conseils très simples qui participeront à élever votre niveau d'énergie :

- sourire et rire ;
- s'ancrer ;
- boire de l'eau et beaucoup d'eau ;
- prendre soin de soi, s'écouter et s'honorer (par exemple par un massage de son corps) ;
- se promener dans la nature ;
- être en contact avec des animaux ;
- aimer ;
- dire merci et faire preuve de gratitude ;
- se mettre au soleil ;

- s'asseoir au pied d'un arbre ou lui faire un câlin ;
- visiter des lieux sacrés (emplis de belles et intenses énergies).

Le pendule divinatoire

Le pendule divinatoire a pour objectif de répondre aux questions que nous lui posons. Pour autant, ses réponses se limitent à « oui », « non » et « je ne sais pas » lorsque nous l'utilisons seul. Nous pouvons nous en servir avec des planches de cadran vierge qui nous permettent d'élargir le potentiel de réponses du pendule.

Avant toute utilisation de notre pendule, il faut l'aligner avec notre énergie. Cette condition en amène une autre, qui est plutôt une règle fondamentale : ne jamais prêter son pendule, même quelques secondes. Celui-ci peut absorber l'énergie d'autrui et fausser les révélations ou les réponses.

Aligner notre pendule, c'est le magnétiser. En effet, lorsque le pendule répond à travers nous, c'est à travers notre champ magnétique. Aucune inquiétude, nous possédons tous, en qualité d'être humain, un champ magnétique. Ce qui indique que nous pouvons tous être magnétiseurs avec de la technique et de la pratique.

Cet alignement est le point essentiel de l'utilisation afin que les réponses soient harmonisées avec notre énergie, qu'elles soient justes et que le pendule soit « branché » sur notre subconscient.

Comment magnétiser un pendule ?

Tenez votre pendule (main droite ou gauche, peu importe) entre 5 et 10 cm au-dessus de votre autre main tenue en cuillère (non tendue), paume vers le haut.

Demandez à haute voix à votre pendule de s'aligner avec votre énergie : « Pendule, aligne-toi avec mon énergie. »

Ensuite, laissez le pendule trouver son mouvement de balancement. S'il ne bouge pas, faites-le balancer dans un doux mouvement d'impulsion (seulement s'il ne bouge pas).

Observez les différents balancements du pendule : d'avant en arrière, en rotation soit vers la droite ou soit vers la gauche. Il peut se balancer ou tourner plusieurs fois, ne l'interrompez pas, attendez qu'il se stabilise.

Quand il est immobile, votre pendule est magnétisé avec les énergies de votre corps.

Attention, vous devez aligner votre pendule à chaque nouvelle utilisation car votre vibration change et se modifie à chaque instant. La vibration alignée du pendule doit correspondre à votre vibration du moment afin de donner des réponses justes.

Votre pendule est prêt. Enfin presque, lorsqu'il est aligné (ou magnétisé), il faut ensuite le programmer. C'est-à-dire programmer ses réponses : le « oui », « non » et « je ne sais pas ».

Comment programmer un pendule ?

Tenez votre pendule (main droite ou gauche, peu importe) entre 5 et 10 cm au-dessus de votre autre main tenue en cuillère (non tendue), paume vers le haut.

Demandez à haute voix à votre pendule quelle est sa rotation ou quel est son mouvement pour la réponse « oui » comme suit : « Pendule, quel est ton "oui" ? » Et observez sa rotation ou son mouvement.

Demandez à voix haute à votre pendule quelle est sa rotation ou quel est son mouvement pour la réponse « non » comme suit : « Pendule, quel est ton "non" ? » Et observez sa rotation ou son mouvement.

Demandez à voix haute à votre pendule quel est son mouvement pour la réponse « je ne sais pas » comme suit : « Pendule, quel est ton "je ne sais pas" ? » Et observez son mouvement.

Nous pouvons nous demander pourquoi le pendule « ne sait pas » une réponse. Il peut y avoir différentes raisons. Peut-être sommes-nous trop confus et cela se ressent dans nos énergies. Étant la continuité de notre être, le pendule n'arrive pas à déterminer la réponse dans notre champ magnétique. Il se peut aussi que nous ne devons pas obtenir la réponse car il nous faut conscientiser quelque chose ou faire un choix avec notre libre arbitre. Une raison à cela : une utilisation très intense du pendule qui devient une béquille, une réponse à tout. Rappelons que nous possédons un libre arbitre et que c'est à nous en tant qu'humains de prendre des décisions. Le pendule n'est pas là pour faire nos choix. Il est possible aussi que la question soit mal posée ou qu'elle ne corresponde pas à une demande divine, c'est-à-dire qu'elle ne respecte pas les lois de l'Univers.

Un exemple : poser une question sur un ancien compagnon ou une ancienne compagne pour connaître des informations sur sa nouvelle relation alors qu'il ou elle n'est pas au courant.

Cela appelle une règle fondamentale : il est interdit de poser des questions sur autrui sans son autorisation.

Lorsque le pendule a été programmé, ce n'est plus la peine de le refaire (contrairement à l'alignement qu'il faut renouveler avant chaque utilisation). Le pendule a son « oui », « non » et « je ne sais pas » définitifs. Il ne change jamais de code de vibration.

Maintenant que votre pendule est aligné et programmé, vous pouvez l'utiliser pour répondre à vos questions avec cette dernière étape.

Demandez à votre pendule s'il est prêt à répondre à vos questions comme suit : « Pendule, es-tu prêt à répondre à mes questions ? »

Si la réponse est oui, vous pouvez commencer votre séance. Si la réponse est non, ce n'est sûrement pas le moment, réessayez à un autre moment de la journée ou le lendemain.

Les deux façons de pratiquer la divination avec le pendule

La première façon est la plus simple : juste vous et le pendule. Comme pour l'alignement et la programmation, tenez votre pendule au-dessus de votre main en cuillère (non tendue), posez vos questions à voix haute et observez le mouvement ou la rotation du pendule pour obtenir votre réponse.

Vous pouvez utiliser aussi des planches spécifiques avec le « oui », « non » et « je ne sais pas ». Certaines contiennent des chiffres (pour les dates par exemple). Dans ce cas, le pendule se place au-dessus de la planche et vous observez la direction qu'il prend lorsque vous posez votre question à voix haute.

La deuxième façon consiste à utiliser le pendule avec des planches de radiesthésie. Elles sont déjà prêtes avec un thème précis comme le taux vibratoire ou connaître sa famille d'âme par exemple.

Dans ce cas, l'utilisation du pendule est différente. Nous ne posons pas de question car l'intention est déjà spécifiée à travers la planche de radiesthésie. En effet, ancrer sur une feuille blanche est une intention.

Comment procéder avec une planche de radiesthésie ? Toute planche de radiesthésie est un cadran (en demi-cercle). Ce cadran, quel que soit son thème, possède un centre en bas sur la ligne. De ce point central s'éloignent les lignes qui séparent les différentes réponses.

Tenez le pendule au-dessus du point central du cadran. Observez la direction indiquée par le pendule. Celui-ci ne va pas se mettre en rotation mais va désigner une direction par un mouvement d'avant en arrière sur une ligne précise ou un quartier précis du cadran correspondant à une réponse. Dès lors, vous avez votre réponse.

Attention, soyez précis dans vos questions afin que le pendule puisse vous répondre avec précision.

Un exemple : vous utilisez une planche de radiesthésie pour savoir le lien karmique existant avec une personne. Vous allez demander si vous avez un lien karmique et ensuite passer sur la planche qui aura défini (c'est une hypothèse) quatre réponses sur le cadran : âme jumelle, flamme jumelle, âme sœur et âme d'amour. Lorsque vous allez poser votre question, formulez-la comme suit : « Quel est le lien karmique entre [votre prénom], [votre nom de naissance] et [votre date de naissance] et [son prénom], [son nom de naissance] et [sa date de naissance] ? »

Un autre exemple : vous souhaitez savoir si vous allez revoir une personne rencontrée et vous ne possédez ni son nom ni sa date de naissance. Vous formulerez la question comme suit : « Est-ce que je vais revoir [son prénom] [détail du lieu et de la situation précise de votre rencontre] ? », par exemple « Est-ce que je vais revoir Patrick que j'ai rencontré hier soir lors de la soirée d'anniversaire de ma sœur ? »

Le dernier point à aborder est le nettoyage et la recharge du pendule. Lorsque nous nous servons d'un pendule, il peut être impacté par des énergies négatives, particulièrement lorsque nous l'utilisons pour un soin. Évidemment l'impact est moindre lorsque cette utilisation se fait pour répondre à nos questions. Cela dit, quelle que soit son utilisation, le pendule reste un outil de divination et donc de pratique énergétique qui demande un nettoyage et une recharge, il ne faut donc pas négliger ces étapes.

Je vous propose des techniques simples et accessibles à tous. En effet, il peut être difficile de savoir comment nettoyer un pendule en lapis-lazuli ou en cristal de roche car les règles appartiennent à la lithothérapie et nous ne sommes pas tous experts en la matière.

Quelles sont les techniques pour nettoyer son pendule ?

Ces techniques conviennent à tous les pendules, quelle que soit leur matière.

- Une géode de cristal de roche. Seule la géode de cristal de roche a le pouvoir et la vertu de purifier toutes les pierres énergétiques et semi-précieuses. Il suffit de placer le pendule dans la géode pendant 24 heures afin de le purifier. Si le pendule est en cristal de roche, vous pouvez le passer sous l'eau claire pendant 5 minutes pour le purifier.
- Une fleur de vie imprimée. Dans cette hypothèse, il est important de bien vérifier que la fleur de vie soit complète et précise car c'est une forme de géométrie sacrée. Dans le cas contraire, cela annule sa puissance de purification. Il suffit de placer votre pendule sur la forme sacrée de la fleur de vie. Le pendule ne doit pas dépasser de la forme.
- La fumigation avec de la sauge blanche ou médicinale (cette dernière est plus facile à trouver). Allumez votre sauge et suspendez le pendule en hauteur. Passez la fumée de la sauge tout autour, en dessous et au-dessus du pendule avec cette intention de le purifier.

Quelles sont les techniques pour recharger son pendule ?

Ces techniques conviennent à tous les pendules, quelle que soit leur matière.

- Une géode de cristal de roche. Elle recharge en même temps qu'elle purifie.
- Une fleur de vie imprimée. Elle recharge en même temps qu'elle purifie. Vérifiez bien que la fleur de vie soit complète et précise car c'est une forme de géométrie sacrée. Dans le cas contraire, cela annule sa puissance de recharge.
- Dans la terre. Mettez votre pendule dans un petit sachet en plastique et placez-le dans la terre au moins 48 heures. Il faut que ce soit de la bonne terre, soit au pied d'un arbre (dans votre jardin) ou d'une plante de belle envergure sinon le pendule va prendre trop d'énergies et peut faire mourir la plante (surtout si le pendule est en pierre). La terre est l'énergie la plus puissante, elle recharge les éléments qui sont en contact avec elle.

La fréquence de nettoyage et de recharge

Après chaque séance si vous vous servez de votre pendule pour des soins de guérison. Une fois par mois lorsque l'utilisation est limitée à vos réponses personnelles. Si vous l'utilisez tous les jours, il est préférable de le nettoyer et de le recharger toutes les semaines.

Quelques conseils pour une divine relation avec son pendule

Lorsque vous décidez d'utiliser un pendule, vous acceptez sa magie et vous vous engagez à l'honorer. Ce n'est pas un simple objet. En tout cas, il ne l'est plus dès lors qu'il devient votre compagnon de route.

Lorsque vous ne l'utilisez plus, rangez-le dans un endroit précis qui lui est dédié : sur un autel, dans une belle boîte ou dans un tiroir après l'avoir disposé dans une pochette ou un écrin.

Afin qu'il soit encore plus empreint de votre énergie, vous pouvez les premiers jours le placer dans votre chambre pour la nuit ou près de vous la journée, sur votre bureau par exemple.

Je déconseille de le porter sur soi, car il est la continuité de votre être, il n'est donc pas nécessaire qu'il soit en contact avec votre corps. De plus, cela l'abîme.

Ne prêtez pas votre pendule, ce n'est pas un jouet.

Comment calculer son taux vibratoire ?

Pour calculer votre taux vibratoire ou même celui de votre lieu de vie, équipez-vous d'une planche de radiesthésie prévue à cet effet ou une planche de radiesthésie vierge.

Avant de faire la pratique, je vous conseille de purifier votre lieu.

Pour calculer votre propre taux vibratoire, prenez la planche de radiesthésie. Si la planche est prévue pour le calcul d'un taux vibratoire, notez en haut de la feuille vos nom, prénom et date de naissance uniquement. Si votre planche est vierge, notez d'abord en haut de la feuille vos nom, prénom et date de naissance uniquement. Ensuite, vous allez remplir à l'extrémité de chaque ligne (en haut du cadran sur la ligne arrondie) les chiffres du taux vibratoire. Vous commencez à 5 000 (pour 5 000 bovis) puis 10 000. Vous poursuivez tous les 1 000 (11 000, 12 000, 13 000, etc.) jusqu'à la dernière ligne à l'extrémité droite du cadran.

Ensuite, vous placez votre pendule (après l'avoir aligné avec votre énergie) au-dessus du point central sur la ligne du bas du cadran. Et vous observez la direction qu'il montre, une ligne ou un quartier du cadran, et le taux ainsi indiqué.

Pour calculer le taux vibratoire de votre lieu de vie, c'est exactement la même opération que pour le calcul du corps, à la seule différence qu'il faut noter votre adresse au lieu de vos nom, prénom et date de naissance.

Pour évaluer le taux vibratoire d'une personne, le biomètre de Bovis nous donne trois dimensions énergétiques relatives à l'être humain et une de l'ordre du divin :

- De 0 à 20 000 UB (unités bovis) : il s'agit de la dimension physique. La moyenne du taux vibratoire d'un être humain est de 17 000 UB. À ce stade, la personne est en bonne santé mais n'a pas développé son être spirituel. Lorsque le taux descend sous les 10 000 UB, cela signifie que le corps est fatigué ou malade. En dessous de 4 000 UB, la personne est très malade.
- De 20 000 à 40 000 UB : il s'agit de la dimension du corps éthérique, c'est-à-dire une dimension énergétique élevée de l'être humain. La personne est alors connectée à ses différents corps, à ses chakras et à sa conscience.
- De 40 000 à 90 000 UB : c'est la dimension de l'être spirituel. À ce stade de vibration, la personne a accès à des plans supérieurs subtils, et ses perceptions sont développées.
- Au-delà de 90 000 UB : c'est la dimension de l'être divin. Toutes les perceptions sont activées, on peut se connecter à tous les plans vibratoires et principalement au plan des anges et de Dieu.

Pour évaluer le taux vibratoire d'un lieu, voici quelques indications : un endroit neutre présente un taux de 20 000 unités bovis. En dessous, cela signifie que l'endroit est pollué. Le degré de pollution se définit selon le taux vibratoire du lieu. Si celui-ci est en dessous de 15 000 UB, il est impératif de faire un nettoyage ou un dégagement du lieu. En effet, les énergies d'un espace impactent fortement sur nos énergies. De nombreuses personnes ressentent un mal-être qu'elles n'expliquent pas malgré des soins, cela peut venir de leur domicile. Nous sommes énergie et tout ce qui est énergie nous touche dans tous nos corps.

Chapitre 6

La canalisation

« Une nuit sans rêves, pour un médium, c'est une nuit de repos. »

Guillaume Renoux

La canalisation est un mode de communication pour accéder aux plans subtils supérieurs. Il existe différents modes de communication ou de canalisation. Selon moi, chacun d'entre nous détient son propre mode de canalisation. Il est important de le préciser car nous pouvons souffrir de la comparaison, en pensant que les autres détiennent le mode parfait. J'ai pu constater cette comparaison dans mes ateliers de groupe, où certains pensent qu'ils ne savent pas canaliser car leur pratique ou leurs ressentis ne ressemblent en rien à ceux de leurs voisins.

Le mot « canal » vient de l'anglais *channel* qui signifie « canal » mais dans le sens d'une antenne. En effet, notre cerveau est une antenne connectée en permanence au subtil. Seulement, nous sommes tellement happés par le bruit et le mouvement du monde que nous oublions cette connexion.

Canaliser, c'est réceptionner des messages qui nous sont émis d'un autre plan vibratoire afin d'en prendre connaissance dans la matière. J'entends souvent cette remarque « Je ne reçois aucun message », lorsque je parle en conférence ou lors de stages ou d'ateliers sur les guides, les âmes ou les anges et archanges, et leur présence. Or, nous recevons constamment des messages, mais nous projetons le message à recevoir dans son mode de réception : entendre, voir ou ressentir. Certes, ce sont des modes de canalisation mais ce ne sont pas les seuls. Par ailleurs, et pour la majorité des messages, ils sont envoyés de manière spontanée et nous les réceptionnons sans y être préparés.

Il est possible de provoquer des réponses à travers différentes techniques, en dehors des séances proposées par un médium. Certaines de ces techniques ne sont plus utilisées mais elles existent encore comme la danse de la guérison ou la planche Ouija (que nous pouvons trouver en jouet au supermarché !).

Ces techniques peuvent être accompagnées d'un instrument ou être simplement pratiquées dans des états de conscience modifiée ou élargie tels que la méditation ou un voyage astral.

Les énergies que nous canalisons sont en premier lieu celles des âmes et surtout de notre âme. Il peut s'agir des âmes défuntes avec lesquelles nous communiquons par la clairvoyance, le clair-ressenti, la clairaudience et la clairolfaction, les âmes animales (c'est-à-dire incarnées), minérales et végétales. La communication avec un animal décédé est une communication avec une âme défunte.

La canalisation concerne également les énergies des hauts plans vibratoires : nos guides de lumière. Ce ne sont pas les seuls guides que nous avons, mais ce sont les seuls qui résident dans ce plan subtil supérieur. Ce sujet sera abordé en détail dans ce chapitre. Ensuite, la canalisation peut se faire avec les anges et les archanges, qui sont des énergies d'amour, de protection et de guérison. Et aussi avec les divinités, dieux et déesses, ainsi que les maîtres ascensionnés. Il faut avouer qu'il est sensiblement plus délicat de canaliser avec ce plan que de réceptionner des messages des défunts. En effet, les défunts vibrent dans notre monde, la 3D, le monde intermédiaire, qui est proche de notre vibration. Ce n'est pas le cas pour nos guides, les anges et les dieux et déesses. D'ailleurs, nous ne pouvons pas atteindre ce plan subtil, il est bien trop élevé pour notre mental. Cependant, les guides et les anges font une partie du chemin vers nous (donc vers la matière) pour que nous puissions entrer en communication avec eux.

Dans ce chapitre, nous commençons par définir les différents signes ou messages qui peuvent se présenter sur notre chemin. Nous aborderons ensuite les âmes. Je vous proposerai une méditation pour vous connecter à votre âme. Nous poursuivrons avec les guides et un exercice de clair-ressenti pour ressentir la présence de notre guide. Et pour finir, nous évoquerons les anges et les archanges.

Les signes et messages de l'au-delà

Les entités (guides, âmes défuntes, esprits) utilisent différents éléments de notre vie quotidienne pour se manifester.

Les odeurs

Ce signe qui met en jeu notre capacité de clairolfaction est très répandu. Certains défunts peuvent montrer leur présence par l'effusion du parfum qu'ils portaient ou de la senteur qu'ils aimaient. Ils nous font ainsi sentir une odeur qui leur était familière et dont nous avons connaissance, mais il se peut aussi que nous ne connaissions pas la personne qui se manifeste par cette odeur.

La transcommunication instrumentale

La transcommunication instrumentale consiste à communiquer au moyen d'appareils électroniques comme des postes de télévision, de radio ou même des horloges ou des montres. Certaines personnes se servent de leur télévision pour communiquer avec les défunts et avoir des images. Dans cette hypothèse, la communication est provoquée car ce sont les personnes qui installent et mettent en œuvre le processus. Mais les âmes défuntes (très rarement les guides ou les anges) peuvent elles aussi utiliser les moyens technologiques pour communiquer. Cela se manifeste par :

- les images du téléviseur qui se brouillent ;
- une apparition sur l'écran du téléviseur ou de l'ordinateur ;
- un allumage ou une extinction du poste de télévision sans raison, ou spontanément au moment où nous sommes en train de penser à un défunt ou de regarder une photo de lui ;

- la radio qui se déclenche toute seule à une heure déterminée et répétitive tous les jours ;
- la radio s'allume au moment où passe une chanson importante pour la personne décédée ;
- entendre régulièrement la même chanson dans tous les endroits que nous fréquentons ;
- pouvoir interagir avec les ondes de la radio et faire passer des messages vocaux (il m'est souvent arrivé ce genre de phénomènes) ;
- des arrêts à répétition de l'horloge ou de la montre à des heures précises.

La lumière

Les défunts peuvent aussi utiliser l'éclairage pour nous envoyer un signe, par exemple en diminuant l'intensité d'une ampoule ou en la faisant clignoter, ou en faisant griller une ampoule neuve. Cela peut paraître étrange, mais c'est un phénomène qui arrive très souvent.

Les heures miroirs

Signes de nos défunts ou des guides, les heures miroirs sont des heures à répétition. Par exemple 11:11 est l'heure des anges. Lorsque notre regard s'arrête sur cette heure, un ange est sûrement près de nous. Si cela arrive alors que nous sommes sur la route, cela peut signifier qu'il nous protège pendant la conduite. Ou si nous préparons un projet, il nous signale que nous sommes sur le bon chemin.

Si cette heure miroir se présente tous les jours, il s'agit d'un message de rendez-vous à prendre avec l'âme défunte ou notre guide. Elle nous indique l'heure à laquelle nous pourrions communiquer ensemble. Les heures miroirs ont des significations différentes et multiples, à chacun de se laisser porter par son ressenti et son intuition, afin de comprendre ce qu'elles veulent nous dire. Elles sont toujours porteuses de beaux messages d'encouragement et de soutien de la part de nos guides.

La sensation d'amour

Soudain nous pensons à notre disparu sans savoir pourquoi et une sensation de bien-être et d'amour monte en nous. Cette sensation peut venir aussi lorsque nous regardons des photographies des âmes défuntes ou à un moment opportun sans que nous ayons provoqué quoi que ce soit de médiumnique ou méditatif.

Les rêves

Les défunts ainsi que les guides peuvent entrer en contact avec nous dans nos rêves. En effet, les esprits utilisent très souvent les rêves pour communiquer; c'est l'une des passerelles les plus communes pour communiquer avec les êtres humains. Pour autant, le débat est lancé concernant l'expression ou la manifestation des défunts ou des guides à travers les rêves. Il s'agit bien d'un débat car cette idée ne fait pas l'unanimité : si certains médiums approuvent haut et fort cette porte de communication médiumnique, d'autres la remettent en cause.

Pourquoi les défunts ou les guides apparaissent-ils dans les rêves ? Car le sommeil, et précisément le moment du sommeil paradoxal, est une dimension qui est plus facilement accessible aux esprits et qui nous permet d'être de meilleurs récepteurs.

Notre sommeil se découpe en cinq phases. La quatrième est celle du sommeil paradoxal. Dans cette phase, nous montrons des signes particuliers : expressions du visage, respiration irrégulière, activité cardiaque élevée. Nous sommes alors en parasomnie, et dans le rêve. Autrement dit, nous sommes plongés dans un sommeil très profond, et paradoxalement notre conscience est alerte. C'est la phase de sommeil où nous rêvons le plus. Ce n'est sûrement pas un hasard.

Certains scientifiques définissent notre sommeil, et principalement la phase de sommeil paradoxal où nous rêvons, comme un sas d'épuration de notre inconscient. Un sas où nos envies, nos désirs, les événements de la journée, notre imagination, ce que nous avons lu, écouté comme musique, regardé comme film, etc., sont recensés et épurés.

Mais surtout, et même si les scientifiques ne sont assurément pas d'accord avec cette affirmation, c'est la phase au cours de laquelle les âmes défuntes ou les guides communiquent avec nous. D'une part, lors de cette phase, nous sommes totalement isolés du monde extérieur (comme en état méditatif). D'autre part, nous sommes dans un lâcher-prise total, ce qui exclut les peurs, les manifestations du mental ou le contrôle des visions. Pour autant, notre conscience est alerte, contrairement à la phase de sommeil profond. Cela nous permet d'être en état de réceptivité des messages.

Mais il y a deux inconvénients à cette communication onirique. Le premier est qu'il peut être difficile de garder le souvenir de ce que nous avons vécu ou reçu lors de cette phase de sommeil paradoxal. Le second est dans la difficulté de différencier une communication médiumnique par les rêves et les rêves prémonitoires.

Qu'est-ce qu'un rêve prémonitoire ? C'est un rêve qui dévoile une information précise sur un événement qui va se réaliser dans un futur plus ou moins proche.

Il se peut que, lors d'un rêve, l'âme défunte d'un proche vienne nous rendre visite. Identiquement à sa manifestation sur le plan terrestre, elle a pour motivation de :

- nous faire passer un message ;
- nous adresser un conseil ;
- nous avertir d'un danger ;
- nous dire au revoir.

Ce sera, dirons-nous, la plus simple ou la plus classique des manifestations.

Cependant, lorsque nous voyons une âme défunte proche (ou un être cher décédé) dans un rêve, il se peut que ce ne soit pas lui, mais ce qu'il représente. Dans ce cas, cette âme ne nous délivre pas un message précis mais nous pousse à une prise de conscience, à nous interroger sur ce qu'elle représente pour nous de manière symbolique.

Je vous propose un exercice pour argumenter mes propos. Je vais vous donner les informations d'un rêve (qui m'a vraiment été exposé) et vous allez vous prêter au jeu de l'interprétation selon votre ressenti et votre intuition.

Exercice d'interprétation d'un rêve

Le rêve

Une femme était effrayée par un rêve où une âme défunte s'est manifestée à elle.

Au cours de son rêve, un ami très proche alors décédé récemment de maladie est apparu et lui a laissé ce message : « Je vais me reposer mais ensuite je viens te chercher. »

À l'écoute de ce récit, nous pouvons aisément comprendre son inquiétude.

Quelle est l'interprétation de ce rêve ?

Notez vos impressions et votre interprétation (avant de regarder la réponse qui suit).

Sur une première impression, nous pourrions penser que cette âme vient lui annoncer une mort imminente. Si c'est votre interprétation de ce rêve et notamment votre lecture de la présence de cet ami, alors c'est votre mental qui vous a guidé.

Explication et interprétation

Cette femme est malade et elle a vécu des périodes de soins très intenses (ces informations, je les ai reçues en message). Elle a connu cette personne à l'hôpital car elle souffrait de la même maladie. Pour elle, cet ami était donc la représentation de la mort et, de ce fait, de sa peur de la mort. Ainsi, le drame qu'a vécu cet ami l'a renvoyée à l'angoisse de sa propre mort.

Ce n'est pas tant son ami qui était là dans son rêve, mais ce qu'il représentait symboliquement : la mort à la suite de cette maladie. Ainsi, ce rêve ne signifie pas que cette femme va décéder des suites de sa maladie.

Soyez attentif à vos rêves. Je vous conseille de tenir un journal dédié à vos rêves. En effet, nous les oublions très rapidement et, dans la majorité des cas, nous ne nous les rappelons pas. Il faut habituer notre esprit à s'en souvenir.

Comment se souvenir de ses rêves

Je vous propose deux techniques pour vous souvenir de vos rêves.

– Première technique : tenir un journal de rêves

Lorsque vous allez vous coucher, pensez à mettre près de votre lit (sur une table de nuit ou un bureau selon votre aménagement), un cahier ou une feuille et un stylo.
Ainsi, dès votre réveil matinal (ou nocturne), notez les mots ou les visions que vous avez eus et dont vous vous souvenez.
Pourquoi ? D'abord pour éventuellement déceler des messages, mais surtout pour habituer votre conscience et votre inconscient à se souvenir de ce dont vous avez rêvé.
Plus vous vous attardez sur vos rêves et plus vous leur donnez de l'importance, plus vous vous en souviendrez.
Cette écriture doit se faire le matin, au réveil : restez immobile dans votre lit quelques minutes sans ouvrir les yeux et remémorisez-vous les rêves, ensuite écrivez.
Notez le plus d'informations possible afin de vous familiariser avec les éléments du rêve : personne, lieu, situation. Ainsi, vous pourrez observer si certains éléments réapparaissent dans vos rêves de manière récurrente (mais pas dans la réalité).

– Seconde technique : le souvenir provoqué

Identiquement à la première technique, lorsque vous allez vous coucher, pensez à mettre près de votre lit, un cahier ou une feuille et un stylo.
Mais cette fois la technique consiste à poser l'intention avant de s'endormir de se souvenir de son rêve à son réveil. Il faut que cette intention soit claire et consciente (si vous n'y croyez pas, cela ne marchera pas).
Dès votre réveil, notez les souvenirs présents de votre ou vos rêves.
Comme pour tout exercice médiumnique, soyez constant et persévérant.

La sensation d'une présence

Il peut nous arriver de sentir ou ressentir une présence près de nous. Pour certains, la présence se manifeste souvent le soir, au moment du coucher lorsqu'ils sommeillent ou le matin dans la phase de réveil. Le mental est alors en pause, ce qui permet d'ouvrir les capacités de clair-ressenti. Toutefois, cette manifestation peut aussi intervenir lorsque nous sommes totalement lucides : nous ressentons alors une présence sans douter.

Les présences autour de nous peuvent être de différentes natures : une âme défunte, une entité, mais aussi notre guide ou un esprit de la nature. Cette sensation consiste en un ressenti dans notre champ énergétique. En revanche, il n'y a pas de toucher, c'est une sensation.

La sensation par le toucher

La sensation peut elle aussi se manifester sous différentes formes : une caresse dans les cheveux, sur la tête, sur la joue, le bras ou le dos. Cela est différent de la sensation d'amour ou d'une présence. Dans ce cas, il y a un vrai contact qui s'établit dans la matière par le toucher.

Les mots

Les mots sont un moyen de communication de l'au-delà. Il peut s'agir de la répétition de mots dans notre vie, qui tournent en boucle dans notre tête ou qui apparaissent par le biais d'images vues dans des magazines, des publicités, etc., ou au cours d'une conversation. Ou simplement un mot que nous entendons soudainement et qui résonne en nous, nous interpelle et va même revenir dans notre esprit au cours de la journée. Ou encore notre intuition qui va s'éveiller d'un coup à la lecture d'une phrase dans un livre ou dans un lieu, nous signalant ainsi l'importance de cette phrase.

Nous devons prêter une grande attention à ces mots qui sont des messages. Ils peuvent nous signifier un conseil, une réponse à une question posée à nos guides, une direction à prendre, une action à entreprendre, un endroit ou une destination où nous rendre, ou justement de ne rien faire.

Le souffle d'air

Le souffle d'air est une manifestation très connue des médiums, ou des personnes hypersensibles au clair-ressenti. Les discours concernant la nature du souffle (froid ou chaud) et sa signification sont différents et pas toujours en accord. Il est très souvent dit que le souffle froid est une manifestation des âmes défuntes, et le souffle chaud la manifestation des guides (ou des anges). Je suis en accord avec cette théorie. Les âmes défuntes ont besoin de notre énergie pour se manifester et rester sur le plan terrestre. Elles se nourrissent de notre énergie. Lorsqu'elles puisent dans notre énergie, cela provoque des frissons, une sensation de froid. Les guides, eux, nous donnent de l'énergie, ils nous transmettent de l'amour et de la lumière. Par conséquent, nous ressentons de la chaleur. Mais, il ne faut pas oublier que nous sommes tous différents et que nous pouvons avoir des ressentis inverses. Il n'existe aucune vérité, en dehors de la nôtre, qui découle de notre propre expérience.

Les objets

Les objets peuvent être un outil pour les esprits afin de manifester leur présence. Ce mode de communication est plus particulièrement utilisé par les âmes défuntes, les esprits, non par les guides.

Comment cela se passe-t-il? Les esprits et les âmes défuntes font bouger les objets de place, comme une photographie posée sur un meuble que l'on retrouve par terre en entrant dans la pièce. S'il s'agit de la photo d'un proche décédé, l'esprit indique sa présence. Si la photo concerne une autre personne, il faut faire le lien et trouver quel message est transmis.

Un exemple : vous êtes fâché avec cette personne, ce signe vous invite peut-être à une réconciliation.

Les nuages

Quel beau message que les nuages et leur danse dans le ciel. N'est-il pas arrivé à tout un chacun de percevoir des formes dans les nuages ? De s'allonger dans l'herbe et d'imaginer un animal ou un objet.

Les nuages sont des guides. En effet, ils sont des messagers divins. Nos ancêtres lisaient dans les nuages et les étoiles pour recevoir des informations ou chercher les réponses à leurs questions.

Les plumes

Évidemment, je ne peux exclure le fait qu'au printemps et au début de l'été, les oiseaux perdent leur plumage et qu'il semble ainsi plus aisé de trouver des plumes sur son chemin. Pour autant, croiser une plume est bel et bien un signe de l'au-delà.

La signification varie selon la couleur de la plume, mais aussi sa nature : plume de paon, de chouette, de corneille, de corbeau, d'aigle, etc.

Dans cette hypothèse, il faut se fier à la médecine de l'esprit animal et entrer en contact avec lui pour poser des questions ou demander l'autorisation de garder la plume.

Selon mon expérience, le message de la plume est toujours positif, mais il peut être une alerte ou un appel à la vigilance. La plume est messagère des guides, mais pas des âmes défuntes.

Afin de prendre conscience des messages que vous pouvez recevoir sans vous en rendre compte, je vous propose de prendre une fiche et en vous aidant de la liste des signes et des messages de l'au-delà qui viennent d'être décrits, de noter un exemple de signe que vous avez vécu. Vous constaterez que les guides et les âmes défuntes de nos chers proches sont bien présents près de nous.

Les âmes défuntes

Qu'est-ce que l'âme ?

L'âme est une énergie, une parcelle de la source. L'homme en tant qu'être humain représente un esprit, une âme et un corps physique. L'esprit, c'est la conscience de la personne, son intelligence, sa connaissance, le mental. Il est représenté par le corps mental. L'âme et l'esprit cohabitent dans le corps physique : c'est l'incarnation. L'âme guide l'esprit et donne vie au corps physique, elle est cette petite voix intérieure, la connexion avec soi-même. L'esprit, quant à lui, est tout autour de notre corps physique. Il pense, apprend, raisonne, décide, c'est lui qui ressent les émotions comme l'amour, la peur, la colère, etc.

Pour une meilleure compréhension, je vais utiliser une métaphore : imaginez un océan. Vous placez une tasse au cœur de cet océan. L'eau présente dans la tasse, c'est l'âme. La tasse est le corps. Et tout l'océan qui entoure la tasse, c'est l'esprit.

L'âme est la source, ce qui nous relie à notre part divine : la sagesse, la paix, la compassion. L'âme est aussi une énergie, celle qui maintient notre corps en vie. C'est un médiateur entre notre corps et notre esprit. Le corps physique est l'habitacle, le scaphandre de notre âme. Quelqu'un sans âme, c'est comme une ampoule sans électricité, il n'y a pas de lumière.

Notre âme s'incarne dans une enveloppe, une forme. L'incarnation signifie « le divin qui prend une forme incarnée, en l'occurrence humaine pour expérimenter la vie sur Terre ». C'est l'âme, parcelle divine, qui prend une forme humaine.

L'incarnation de l'âme

L'âme s'incarne progressivement au fil de la grossesse, et s'attache alors à l'enveloppe charnelle. La conscience ou l'esprit commencerait à s'installer dans le corps à partir du troisième ou quatrième mois de grossesse. Mais c'est au cours du sixième ou septième mois de grossesse que l'âme s'incarne.

Nous parlons d'âmes incarnées, c'est-à-dire dont le physique est vivant. Cela m'amène à vous révéler que sans en avoir conscience, nous communiquons régulièrement, voire quotidiennement, avec les âmes. Lors d'un soin énergétique ou d'une séance de lecture d'âme, nous sommes connectés à une âme, c'est-à-dire que nous canalisons avec sa fréquence vibratoire. Ces séances, qui ne sont qu'un exemple, demandent de canaliser avec le ou la consultante, et donc de se connecter à sa part divine.

Ensuite, il y a les âmes désincarnées, celles qui ne possèdent plus de corps physique : les âmes défuntes. Pour une grande majorité d'entre elles, après la mort du corps physique, elles continuent leur processus d'incarnation sur plusieurs étapes. Une minorité d'entre elles demeurent sur notre plan terrestre et deviennent des entités potentiellement négatives. De ce fait, elles viennent à nous, les médiums, pour obtenir de l'aide. Elles ressentent, par les vibrations, les âmes incarnées capables de canaliser et se dirigent naturellement vers elles. Parfois, il est nécessaire que ce soient les médiums qui demandent à communiquer avec une âme défunte.

Comment communiquer avec une âme défunte ?

La communication s'établit généralement à l'initiative du défunt, et non du médium. Une communication avec une âme défunte demande une intention noble. J'aimerais rappeler qu'en dehors de certains cas marginaux, les âmes défuntes représentent toujours des présences bienveillantes.

Elles peuvent se manifester à travers des visions ou des sons sur notre plan terrestre, mais elles utilisent fréquemment les rêves pour communiquer avec nous.

D'après mon expérience, la communication et les manifestations sont différentes. Lorsqu'une âme défunte se manifeste, elle indique sa présence et peut éventuellement essayer de faire passer un message. Pour l'âme qui manifeste sa présence dans un rêve, il s'agit davantage d'un moyen de communication, qui va au-delà de la seule présence, du simple « bonjour » ou « je vais bien, ne t'inquiète pas ».

Pourquoi les défunts cherchent-ils à communiquer avec nous ?

La raison principale est de nous transmettre des informations. Soit pour nous dire que tout va bien et ainsi nous rassurer. Soit pour nous signifier que nous devons entrer en communication avec eux pour régler des problématiques rencontrées lors de leur vivant et qui sont restées en suspens à leur décès (dispute, culpabilité, etc.). Soit pour intervenir à un moment clé de notre vie : soutenir nos choix lorsque nous vivons un changement notable (licenciement, reconversion professionnelle, divorce, etc.) ou que nous devons prendre une décision importante. Soit pour nous alerter et nous demander de faire attention à nous.

Comment savoir s'il s'agit d'un message d'alerte ou de bienveillance ?

Nous le ressentons dans notre corps, ou par intuition. Un message d'alerte ne sera pas transmis de la même manière qu'un message de soutien. Si nous lâchons prise, nous aurons la réponse (peut-être même avant de nous poser la question). Lors des rêves, il est possible de discuter avec les défunts, c'est une communication d'âme à âme. Il est important de rappeler que même s'ils échangent avec nous dans le but de transmettre un message, ils ne nous donneront jamais les informations dans leur totalité (identiquement aux guides), car il y a une part de travail qui nous appartient pour faire notre expérience.

Au-delà de la manifestation *via* les différentes capacités extrasensorielles et les rêves, il est possible de provoquer la communication avec les âmes défuntes dans l'objectif de recevoir un message. La technique la plus fiable, la plus simple et la plus utilisée est l'écriture inspirée. Elle peut aussi convenir pour communiquer avec son guide ou un esprit allié. D'autres modes de communication provoquée existent mais je ne m'attarde que sur ceux qui seront utiles au développement des capacités médiumniques et à une expérimentation qui est accessible à tous et sans risque.

Une règle à respecter, lorsque nous voulons communiquer avec les défunts, il faut le faire avec amour et bienveillance, ce n'est pas un temps pour régler nos comptes. Certes, je place moi-même, lors de mes séances, les âmes (incarnée et défunte) en communication lorsqu'il y a un blocage, afin qu'elles puissent lever la charge entre elles, ou régler une problématique du passé, mais cela se passe toujours dans la compréhension et la bienveillance. Je ne le fais jamais lorsque la personne qui vient me consulter exprime encore de la colère ou de la rancœur.

Qu'est-ce que l'écriture inspirée ?

L'écriture inspirée est un mode de communication faisant partie de la psychographie. C'est le courant du spriritisme, porté par Allan Kardec au XIXe siècle, qui a introduit de nombreuses pratiques de communication avec les défunts. Les techniques de psychographie en font partie. Au départ, il n'existait qu'une seule technique : l'écriture automatique, qui a évolué en deux temps. Aujourd'hui, elle est adaptée à la médiumnité actuelle et est sans risque pour le médium qui la pratique. Cette technique ne demande pas grand-chose : une feuille et un stylo.

La première pratique de psychographie est *l'écriture automatique*. Elle n'est plus utilisée aujourd'hui ou très peu, en raison des contraintes qu'elle impose. En effet, le médium est alors dépourvu de volonté, de réflexion, de contrôle et de conscience. Dans l'écriture automatique, sa main (voire son bras) est « prise en otage » par l'esprit, l'entité. Il écrit dans une pulsion qu'il ne contrôle pas du tout, son bras et sa main ne lui appartiennent plus. L'invisible ou l'esprit prend cet espace corporel pour écrire et ne laisse aucun champ de conscience ou de contrôle au médium.

Par la suite, cette pratique a évolué vers *l'écriture guidée*, qui est une technique intermédiaire entre l'écriture automatique et l'écriture inspirée. La main du médium est « prise en otage », mais dans une guidance qui lui permet de conserver la conscience de ce qu'il fait et écrit. Il garde le contrôle de la séance, contrairement à l'écriture automatique qui ne lui laisse aucune place, et où seul l'invisible agit.

Pour autant, je vous déconseille d'expérimenter ces techniques de psychographie, d'autant plus si vous êtes novice. Vous ne savez pas qui se cache réellement derrière l'entité. Et cela peut avoir de graves conséquences, tant physiques qu'émotionnelles et mentales, sur votre corps.

Aujourd'hui, *l'écriture inspirée* a grandement fait évoluer la pratique de manière positive : le médium est entièrement conscient de ce qu'il transmet sur le papier. Par une canalisation avec l'esprit, il écrit le message que celui-ci lui envoie (pratique que j'utilise pour toutes mes canalisations). Ainsi, le médium garde le contrôle de son corps et écrit en toute conscience. Il ne fait que retranscrire ce que l'esprit (ou l'entité, la déité ou l'énergie) lui dit.

Comment se pratique l'écriture inspirée ?

Cela est très simple.

Je vous propose de tenter l'expérience si vous le souhaitez. J'ai conscience que cette expérience peut faire peur, sachant que vous pouvez choisir de communiquer avec un guide plutôt qu'avec l'âme défunte d'un proche. Faites selon ce qui vous semble le plus juste pour vous et si vous le souhaitez du fond de votre cœur. Ainsi, si vous ne vous sentez pas prêt, vous pourrez y revenir quand il vous semblera que c'est le bon moment pour vous.

Exercice d'écriture inspirée

Dans un premier temps, déterminez avec quelle énergie vous souhaitez communiquer : guide ou âme défunte ?
Si c'est une âme défunte, cela doit être celle d'un proche et vous devez avoir une intention noble. Si c'est un guide, aucune condition particulière n'est requise.
Équipez-vous :

- une feuille ;
- un stylo ;
- une bougie (pour la protection) ;
- si c'est une âme défunte, prenez une photographie de la personne (ce n'est pas nécessaire si vous avez choisi votre guide) ;
- éventuellement une prière de protection (celle que vous souhaitez).

Reportez-vous aux règles de communication avant de choisir le moment et les conditions dans lesquelles vous pratiquez.
Soyez seul dans la pièce. Aucune autre énergie ne doit être présente en dehors de la vôtre.
Asseyez-vous devant une table sur laquelle vous posez votre feuille, votre stylo et votre bougie.
Allumez la bougie et, si vous avez choisi une prière, récitez-la.

Votre choix se porte sur l'âme défunte d'un proche
Faites trois grandes respirations ventrales afin de vous relâcher.

Prenez le temps de regarder la photographie du défunt comme si vous pouviez entrer dans l'image. Fermez les yeux et visualisez la personne ou son visage. Ensuite, appelez dans votre cœur (c'est-à-dire dans votre esprit) l'âme défunte par son prénom et posez votre intention de communiquer avec elle. Expliquez la noblesse ou la nécessité de votre demande. Puis demandez-lui si elle souhaite communiquer.
Exemple : « [prénom], ou mon cher ou ma chère [prénom], ou son surnom, je souhaiterais communiquer avec toi pour une raison noble [expliquez ce qui vous amène à communiquer avec elle]. Souhaites-tu communiquer avec moi ? »
Attendez la réponse. Cela peut être un « oui » ou « non » franc, ou un ressenti dans le cœur pour exprimer un oui, ou encore la visualisation d'un hochement de tête. Soyez attentif.
Si l'âme défunte est d'accord pour cette communication, vérifiez son identité par sécurité, avant de commencer. Votre première question sera un test. Posez une question dont seule l'âme défunte connaît la réponse (de son vivant). Attendez sa réponse et constatez s'il s'agit bien de l'âme de votre proche qui s'est présentée pour cette communication.
Si c'est le cas, entamez la séance. Prenez la feuille, tenez le stylo dessus et notez tout ce qui vous est envoyé en message. Ne négligez aucun mot, son ou image qui vous serait envoyé. Ne vous laissez pas induire en erreur en pensant que c'est votre mental qui parle. Écoutez et notez.
La séance ne doit pas durer longtemps. Au bout d'une dizaine ou quinzaine de minutes, clôturez la séance et laissez partir l'âme défunte. Remerciez-la de sa venue.
Exemple : « Je te remercie du fond du cœur de ta présence, [prénom]. Je demande à clore cette séance de communication à l'instant. »
Et vous inscrivez « FIN » en bas de la page.
Gardez votre feuille et relisez vos notes 48 heures après la séance. Il se peut que vous n'ayez pas noté grand-chose ou que ce ne soit pas lisible, ce n'est pas grave. Il faut de la pratique.

Votre choix se porte sur votre guide

Faites trois grandes respirations ventrales afin de vous relâcher.

Fermez les yeux et demandez à votre conscience d'accéder au plan vibratoire des guides et à recevoir un message du vôtre (même si vous ne le connaissez pas encore).
Exemple : « Moi, [citez votre prénom], demande à ma conscience d'accéder au plan subtil supérieur des guides de lumière hautement vibratoire et suis prêt à recevoir un message de mon guide. »
Si vous avez une question à poser, formulez-la juste après l'appel à recevoir le message de votre guide.
Posez la feuille près de vous et posez le stylo dessus, prêt à écrire. Attendez les réponses et notez les informations qui vous sont transmises.
Après quelques minutes, clôturez la séance de communication. Remerciez votre guide et formulez votre intention de terminer à l'instant la séance.
Exemple : « Moi, [citez votre prénom], demande la clôture de cette séance. Je remercie du fond du cœur mon guide de sa présence et ai conscience que ces informations m'ont été transmises pour mon plus grand bien. »
Ensuite, posez une offrande sur votre autel pour remercier votre guide (une fleur, un gâteau, du thé, du chocolat...).
Si vous êtes à l'aise avec cette technique et que vous la pratiquez souvent, je vous conseille de garder toutes vos notes sur un cahier comme un carnet de bord. Cela vous permettra d'une part de ne pas oublier et, d'autre part, d'avoir du recul sur les messages qui ne vous paraissaient pas très clairs ou dont vous ne compreniez pas la signification à l'instant de l'écriture. Certaines informations ou clés de compréhension viennent plus tard, quand on est prêt.

Après cette expérience d'écriture inspirée, je vous propose une pratique méditative pour entrer en contact avec votre âme et recevoir un message.

Avant de vous guider pour cette expérience, j'aimerais donner quelques explications. Il semble si étrange de parler de notre âme comme d'une chose séparée de nous, alors que nous sommes cette âme. Nous sommes une âme et nous avons un corps. Nous ne faisons qu'un. Cela implique dans une certaine logique que nous sommes en connexion permanente avec notre âme, c'est-à-dire nous-mêmes. Pourtant, le constat est sans appel, nous sommes déconnectés de notre âme et ne savons plus comment communiquer avec elle. Cela est comme un dossier que nous avons dans notre ordinateur : nous savons que nous l'avons mais nous ne savons plus où le trouver. Nous ne connaissons plus le chemin vers la maison.

Cette expérience de communication est une technique pour vous aider à vous reconnecter à votre âme. Mais il est simple au quotidien de vous offrir un instant précieux de vous à vous, avec cette part divine de vous, sans passer par une méditation, un voyage. Simplement en vous reconnectant à votre cœur, car l'âme siège près du cœur et du chakra du cœur.

Pour cela, prenez quelques minutes, le matin au réveil ou le soir avant de dormir, pour écouter les battements de votre cœur et vous concentrer sur eux. Posez votre main sur votre poitrine et ressentez toute cette vibration du cœur. Se reconnecter à son âme, c'est se reconnecter à soi-même, à son intérieur, là où réside son cœur. Prenez le temps de cette pratique tous les jours, et observez le changement dans votre vie.

Communiquer avec son âme et recevoir ses messages

Pour cette communication, équipez-vous :
- un plaid pour vous couvrir ;
- une bougie ;
- de quoi purifier votre lieu.

Je vous invite à vous installer en position assise ou allongée. Choisissez la position qui vous semble la plus confortable. Allumez la bougie et visualisez une flamme au centre de son cœur.
Faire cinq respirations ventrales. Visualisez une spirale qui pénètre dans votre cœur et rejoint la jonction de l'âme (située entre les omoplates, juste derrière la colonne vertébrale, à l'avant de la colonne).

Inspirez profondément, expirez lentement. À l'inspiration, la lumière grandit dans votre cœur ; à l'expiration, elle se diffuse et s'intensifie dans toute la poitrine.
La lumière remplit tout votre corps, puis elle va se diffuser au-delà du corps, pour vous envelopper d'une bulle de lumière. Le corps nage dans un océan de lumière.
Visualisez au choix une porte, un portail, une entrée, un passage. Vous vous approchez doucement.
Vous ouvrez cette porte ou ce portail, ou vous empruntez le passage, pour arriver dans un espace de lumière. Cet espace est le vôtre, c'est un espace de nature lumineux : mer, champ, forêt, jardin, montagne, etc. Imaginez l'endroit de vos rêves, où vous vous sentez paisible et en sécurité. Regardez et observez cet espace, les détails, les formes, les couleurs.
Au loin, vous apercevez un temple, vous l'imaginez comme vous le souhaitez, mais il est lumineux, éclatant de clarté. Vous pouvez l'imaginer en cristal ou en verre, en pierre, en bois, blanc ou doré, de couleur.
Doucement, vous allez vous approcher et au fur et à mesure que vous avancez, vous voyez les détails de ce temple avec cette grande porte d'entrée devant vous. Il y a un perron avec trois marches pour y accéder. Vous montez les marches et pénétrez dans le temple.
Vous entrez dans une grande pièce magnifique avec des décorations, des rideaux, des tableaux, ou peut-être rien, selon la vision de votre écran intérieur. Au fond de cette grande pièce, vous apercevez un patio, une entrée qui donne semble-t-il sur un jardin. Vous entrez dans ce patio, ouvert sur le ciel, autour de vous de la nature, et au centre une lumière divine qui perce : votre âme.
Vous vous approchez et vous voyez votre âme. Imaginez-la comme vous voulez : une pierre, une colombe, un cristal, un diamant ou une étoile. Vous la prenez dans vos mains. Il y a derrière vous un banc. Vous décidez d'aller vous asseoir sur ce banc avec votre âme au creux de vos mains. Vous allez d'abord lui dire bonjour, merci de sa présence, et que vous êtes heureux de cette rencontre. Puis vous allez lui demander si vous pouvez communiquer avec elle. Seulement ensuite, vous pouvez lui poser une question.

Après avoir posé votre question, laissez quelques secondes de silence, voire quelques minutes, afin d'entendre la réponse. Si elle ne vient pas tout de suite, elle vous parviendra dans les trois jours suivants par un autre biais : signes, paroles, rencontre, rêves.
Après avoir communiqué avec elle, vous allez doucement et délicatement glisser votre âme au centre de votre poitrine au niveau du chakra du cœur et de votre cœur physique. Se crée alors en vous, dans votre poitrine, une fusion entre votre cœur et votre âme. Un flot de lumière apparaît.
Ressentez la paix, l'amour, la compassion, la sagesse, la confiance, la sécurité.
Faites une prière intérieure pour vous-même et pour les autres.
Ensuite, vous sortez du patio, puis du temple. De nouveau, vous êtes dans cet espace de nature. Le ciel est bleu. Le soleil est brillant et chaud. Vous empruntez le chemin dans le sens inverse, jusqu'à la grande porte. Vous marchez doucement, profitez encore de cet endroit magnifique et remerciez pour ce moment exceptionnel. Arrivé devant la porte, vous la traversez et la fermez derrière vous.
Portez votre concentration sur votre respiration.
Écoutez les bruits qui vous entourent pour reprendre conscience de l'endroit où vous êtes.
Bougez délicatement vos mains et vos pieds puis, quand vous vous sentirez prêt, ouvrez les yeux.

Les guides de lumière

Nos guides de lumière peuvent être dans différents mondes selon leur nature et leur vibration.

En effet, il y a trois mondes mais, à la place de « monde », nous pourrions utiliser les termes de « plan de conscience ». D'autres parlent de dimensions ou de sphères. Tous les plans sont au même niveau et sont interposés, ce n'est qu'une question de fréquence. Prenons comme exemple un poste de radio : si vous souhaitez écouter NRJ, vous allez sur la fréquence 104.1, mais si vous voulez écouter France Inter, vous changez de fréquence. C'est exactement pareil pour le monde subtil.

Les sphères, quant à elles, sont au nombre de sept. Les guides se trouvent entre la quatrième et la sixième sphère. Les Terriens, êtres humains, animaux, minéraux et végétaux (incarnés), sont dans la première sphère.

Plus nous travaillons sur nous – yoga, qi gong, méditation, soins énergétiques, kinésiologie, magnétisme, etc. –, plus nous nous élevons spirituellement et accédons à différents plans de conscience aux vibrations plus élevées. Cela nous permet d'atteindre différentes sphères (et, par là, d'autres plans de vibration). Notre taux vibratoire devient ainsi un passe pour accéder aux guides, anges, archanges, divinités, archives akashiques, etc.

Pour en revenir aux mondes, l'espace est divisé en trois mondes principaux :

- le monde d'en haut ;
- le monde intermédiaire ;
- le monde d'en bas.

Ce découpage est fortement inspiré par la cosmologie amérindienne. Nous pourrions utiliser le mot « conscience » au lieu de « monde ». Le chaman, qui est un guérisseur et un médium, est un messager qui relie trois niveaux de conscience entre le peuple et divers esprits. Si nous le transposons dans notre culture, nous sommes nous-mêmes les messagers reliant les trois niveaux de conscience. Tout être humain sur cette Terre est un messager en lien avec les trois mondes. En effet, nous possédons tous les capacités de voyager d'un monde à l'autre, c'est-à-dire d'un plan vibratoire à l'autre.

Au-delà du fait d'être des humains, nous sommes des êtres spirituels composés d'énergie et connectés au grand Tout, à l'Univers. Cette conscience est à la fois individuelle et collective. Nous sommes un maillon de l'Univers, telle une étoile dans la toile cosmique.

Les trois mondes

Le monde d'en haut

C'est le monde céleste, de la réincarnation, où résident les dieux, les divinités, et les guides (entités célestes), les anges, les archanges et les êtres ascensionnés. C'est aussi le royaume des morts.

Il existe d'autres mondes (donc plans de conscience) encore plus hauts (le chamanisme décèle neuf couches supplémentaires, soit neuf plans de conscience dans le monde d'en haut), mais l'humain n'y a pas accès. Notre mental est freiné dans sa compréhension de ce qui se passe là-bas.

Le monde intermédiaire

Le monde intermédiaire, c'est le nôtre. C'est le plan de conscience des âmes incarnées (humains, plantes, minéraux, etc.) et des esprits, ceux de la nature et les âmes défuntes.

Le monde d'en bas

Le monde d'en bas ressemble sensiblement à notre monde terrestre mais il est dépourvu de dualité, d'ego et d'espace-temps. Voyager dans le monde d'en bas nous permet de communiquer avec les esprits des animaux totem, des animaux de pouvoir, des plantes de pouvoir et des pierres de pouvoir, ainsi que ceux des ancêtres. Attention, certaines personnes craignent le monde d'en bas, l'assimilant à l'enfer (cela vient des traditions religieuses). Il est souvent confondu aussi avec le bas astral, ce qui est encore différent. Les entités et esprits négatifs sont dans le bas astral, qui est une couche du monde intermédiaire, c'est-à-dire notre monde.

Maintenant que nous avons détaillé les trois mondes (ou plans de conscience), nous allons nous demander qui sont nos guides. Il est bien difficile de répondre à cette question car divers ouvrages ou discours avancent des théories et des vérités différentes. Et je ne remets pas en cause la vérité des autres, chacun choisit et cultive ce qui résonne en lui. Ces quelques mots pour vous dire que ma réponse est nourrie par ma propre expérience, mes expérimentations avec le subtil, des enseignements que je reçois des êtres de lumière et des enseignements extérieurs vérifiés. En aucun cas, je ne prétends détenir une vérité absolue, mais ma vérité.

Qui sont les guides ?

Les guides existent depuis des millénaires, nous les nommons aussi « anges gardiens » ou « êtres de lumière » ou « spirituels ». Il est difficile de déterminer qui sont nos guides, car nous en avons plusieurs, chacun possédant un rôle bien précis sur notre chemin de vie. Si nous devons donner une première définition, le guide est énergie. Chaque être humain est accompagné par un guide, un guide de lumière qui est avec lui durant toute son incarnation.

Ce guide de lumière est donné depuis notre plus jeune âge, c'est-à-dire vers 6 ou 7 ans (pas à notre naissance). Avant, nous sommes sous la protection des guides de nos parents (père et mère).

J'entends votre questionnement : pourquoi notre guide de lumière n'intervient-il qu'à partir de l'âge de 6 ou 7 ans ? Pour cette simple raison (qui m'a été donnée par les guides) que l'enfant est connecté à son chakra du cœur depuis sa naissance, et ce jusqu'à l'âge de 6/7 ans. Il n'a pas besoin de guide car il reçoit tout directement du plan céleste. Seuls les guides des parents font office de surveillants autour de l'enfant. C'est pour cette raison que les petits enfants ont une intuition et une canalisation très fortes, ils devinent les situations très facilement, disent toujours la vérité et vivent pleinement leurs émotions, ils sont joie et partage. Une vibration s'éteint et s'étouffe à l'âge adulte.

Le guide de lumière est une entité. Voyons ce que cela signifie.

Qu'est-ce qu'une entité ?

C'est un esprit dont l'âme a déjà été incarnée en homme ou en femme (et qui a eu diverses vies antérieures). Par son parcours exemplaire, cette âme a terminé son cycle d'incarnation et décide de devenir un guide. Cette décision lui appartient car elle peut aussi choisir de faire un nouveau cycle d'incarnation sur Terre ; cela se nomme le « redoublement ».

Le guide peut être un membre de la famille. Mais le défunt proche ne peut pas être un guide de lumière pour un membre de sa famille. D'une part, parce que s'engage, après la mort du corps physique, un long processus d'épuration de l'âme, puis de passage sur un plan subtil élevé et, pour finir, le choix de réincarnation ou pas. Il n'y a pas d'espace-temps dans les plans supérieurs, cela prend des années. D'autre part, dans un souci d'affection ou au contraire pour éviter un conflit, une âme ne peut pas être guide d'un membre de la famille de l'une de ses incarnations. C'est une loi de l'Univers. Cela n'exclut pas que le défunt soit un guide de liaison pour un temps donné (court généralement). La personne pourra ressentir sa présence (quand le défunt le souhaite, sauf si son âme n'est pas passée de l'autre côté, alors il va falloir l'aider), et bénéficier de sa protection. Pour autant, ce ne sont pas NOS guides qui nous sont attribués tout au long de notre incarnation.

Certains médiums disent que les âmes défuntes de la famille ne peuvent pas être des guides (même de liaison), car l'affection porterait atteinte à l'objectivité. Selon ma propre expérience, je conteste cette théorie, ayant eu moi-même mon frère comme guide de liaison afin de m'avertir de ma chute et me conduire sur ce chemin que j'arpente aujourd'hui. Toutefois, la présence du défunt en qualité de guide de liaison ne doit pas perdurer. Il remplit une fonction intermédiaire et ne doit pas devenir la béquille qui va répondre à toutes nos questions et nos sollicitations, et être ainsi sans cesse près de nous. Dans cette situation, nous le retenons et l'empêchons de continuer son ascension à travers les nouveaux cycles d'incarnation. Arrive un temps où il faudra accepter son départ et la fin de sa mission. Nous pourrons toujours lui parler, lui dire que nous l'aimons, mais il faudra accueillir que son chemin se poursuit de son côté et le nôtre avec notre guide de lumière.

Certaines vérités affirment que nous n'avons qu'un seul guide. D'après mon expérience, je réponds oui et non. Nous n'avons qu'un seul guide entité, c'est-à-dire sous l'apparence d'un homme ou d'une femme. Sinon nous avons d'autres guides qui nous accompagnent sur notre chemin de vie et à chaque incarnation.

Les guides de lumière sont :

- Nos ancêtres (monde d'en bas).
- Les animaux totem ou de pouvoir.
- Les êtres ascensionnés.
- Les plantes de pouvoir.
- Les âmes défuntes (de transition).
- Les entités (âmes désincarnées qui, par leur élévation de conscience, sont devenues guides après leur cycle d'incarnation).

La classification des guides selon leurs rôles (ou missions) concerne notre guide de lumière uniquement (entité homme ou femme). Cependant, il n'existe pas de hiérarchie entre les guides. Nous accédons à différents guides selon notre canalisation. La nature de notre guide est liée aux différentes sphères ou mondes, c'est-à-dire les différents plans de conscience. Si nous allons dans le monde d'en bas, nous rencontrons notre ancêtre ou notre animal totem, si nous allons dans le monde d'en haut, nous retrouvons notre guide de lumière. Aucun de ces deux guides n'est supérieur à l'autre.

Tous les guides de lumière (entité) n'ont pas la même fonction auprès de leur protégé (ou élu). Le protégé ou l'élu, c'est nous.

Les différentes fonctions des guides de lumière

Cette classification est fondée sur les guides de lumière qui sont près des êtres humains :

1. Les guides de liaison (les intermédiaires).
2. Les guides de protection (Les chevaliers).
3. Les guides de renfort (les puissants).

Les guides de liaison : les intermédiaires

Très rares, ces guides ont la particularité d'être très impartiaux. Ils ne sont là que pour prendre le relais. C'est-à-dire qu'ils prennent le relais de notre guide de protection lorsque nous n'arrivons pas à être en contact avec celui-ci, ou qu'il œuvre pour nous de son côté. C'est dans cette situation que les âmes défuntes de nos proches interviennent, car il est plus aisé pour nous, les êtres humains, de recevoir un message d'une âme défunte (dans notre monde) que de notre guide (dans le monde d'en haut).

Avant de nous ouvrir à notre spiritualité, nous sommes endormis et ne sommes pas aptes à entendre, voir ou même ressentir la présence ou les messages de notre guide. Et si c'est un tant soit peu le cas, nous n'en tenons pas compte, trop occupés à des considérations matérielles, professionnelles ou personnelles. Le guide de liaison crée un lien entre nous et notre guide, en nous conduisant là où nous devons être, nous présentant les personnes dont nous avons besoin avec pour seul et unique but : notre évolution et l'ouverture à notre voie de lumière. Ce guide a rempli sa mission lorsque nous avons la capacité de nous connecter à d'autres plans, il dépose alors son tablier de guide de liaison. D'où l'importance, quand ce guide de liaison est l'âme défunte d'un proche, de le laisser partir, de ne pas le retenir auprès de nous, mais de nous ouvrir à notre potentiel dans la confiance et de renouer avec notre guide de lumière.

Les guides de protection : les chevaliers

Ces guides sont les plus répandus, les plus présents donc les plus actifs auprès de nous. Ils représentent le plus important pourcentage des guides de lumière. Ils sont auprès de nous pour nous aider dans notre vie, nos choix, nos décisions, nous protéger tous les jours et à tout moment. Mais il y a une condition : il faut leur demander. Oui, nous devons demander leur aide et leur protection. Selon les lois de l'Univers, les guides ne peuvent pas agir et interagir auprès de nous sans notre permission. Car nous possédons un trésor en tant qu'humains qui est le libre arbitre. Ce libre arbitre est dans tous les contrats d'âme. Le fait que les guides agissent sans notre accord va à l'encontre de ce libre arbitre. Ils ne prennent pas non plus les décisions à notre place, ce n'est pas leur rôle. Nous sommes seuls décisionnaires de notre vie. En revanche, dès que nous actons quelque chose, ils mettent tout en œuvre pour que cela se réalise dans ce qu'il y a de meilleur pour nous.

Nous pouvons faire une demande chaque matin pour être guidés, conduits et/ou protégés toute la journée.

Je vous propose un texte à réciter avec le cœur et en conscience mais vous pouvez choisir votre propre demande si vous le souhaitez.

> *« Cher guide, veille sur moi,*
>
> *Toi qui reçois la lumière de l'Éternel, protège-moi, conseille-moi, donne-moi la force d'être bon au cœur de la tempête, et fort contre les vents contraires.*
>
> *Cher guide, apporte des réponses inspirées, aide-moi à progresser en bien et en abondance.*
>
> *Cher guide, conduis-moi, protège-moi tout au long de cette journée.*
>
> *Cher guide, je te remercie. »*

Leur présence peut se manifester par différents signes (voir les signes de l'au-delà). Depuis mon enfance et plus fortement depuis une bonne vingtaine d'années, je suis admirative des éléphants. J'ai toujours adoré cet animal, qui m'inspire à la fois la force tranquille, la beauté sauvage et une proximité de contact. Un amour et un sentiment dont je n'ai jamais compris le sens, jusqu'à il y a peu. Lors d'une séance de recouvrement, l'éléphant est apparu et j'ai eu cette magnifique surprise de découvrir que son esprit est l'un de mes guides. C'était une évidence.

Ne négligez pas les détails de vos ressentis ou de ce que vous aimez dans votre vie, il y a toujours un lien important à faire avec votre être spirituel. Rappelons que tout ce qui est à l'extérieur n'est que le reflet de ce qui est à l'intérieur.

Les guides de renfort : les puissants

Les guides de renfort sont très puissants (d'où leur nom). Tellement puissants qu'ils bloquent les meilleurs médiums qui essaient d'entrer en contact avec leur protégé ou leur élu. Leur rôle est de ne permettre à personne de violer la vie intérieure de leur protégé. Ils bloquent alors systématiquement le passage. C'est une surprotection du guide sur l'être humain. Les guides de renfort prennent place auprès des âmes qui ont un parcours d'expérimentation très intense ou qui sont très fermées au monde et à autrui.

Il faut préciser que leur surprotection n'empêche pas la progression spirituelle de l'élu ou la manifestation de ses capacités, mais cela donne plus de travail au médium, ou au guérisseur par exemple. Ils bloquent le passage de ce qui vient de l'extérieur, non du monde subtil.

Lorsqu'un médium veut obtenir des informations (sur une âme défunte ou sur la personne consultante), il accède à son intérieur afin de comprendre et révéler des informations. Certaines informations doivent être cherchées dans les annales akashiques (bibliothèque de l'Univers). Lorsque le médium ou le guérisseur est confronté à un guide de renfort, il va devoir négocier avec lui pour accéder aux informations, lui expliquer que cela est pour le bien de la personne, qu'elle est d'accord (et elle doit être d'accord). Cela peut prendre plusieurs heures ou plusieurs séances.

J'aimerais apporter cette précision qu'il est possible que certaines personnes soient bloquées vis-à-vis des médiums et guérisseurs, mais que ce n'est pas automatiquement dû à la protection d'un guide de renfort. En effet, malgré leur volonté de guérir ou d'avoir des informations, certaines personnes bloquent le passage par leur inconscient, leurs peurs ou un grand manque de confiance.

Les guides de renfort sont très rares, et concernent très peu d'âmes. Nous pouvons nous demander comment les guides sont attribués lors du contrat d'âme. Effectivement, les guides sont attribués aux âmes au moment où elles décident de se réincarner et qu'elles mettent en œuvre leur contrat d'âme pour l'incarnation suivante. Ce ne sont pas les âmes qui choisissent les guides mais les guides éternels. Même s'il n'existe pas véritablement de hiérarchie au sein des guides, ces guides éternels sont au-dessus des guides de lumière (intermédiaires, chevaliers et puissants). Les humains n'ont pas de contact avec eux, ils sont auprès du divin, de la source et ont pour rôle, selon le plan divin tracé de l'expérience humaine de l'âme, de décider qui sera le guide et quelle fonction il tiendra. Le guide peut refuser cette attribution.

Maintenant que nous avons déterminé qui sont nos guides, la question est de savoir comment communiquer avec eux.

La communication avec son guide

Il existe différents moyens de communiquer avec notre guide, mais la première question à nous poser est : avec quel guide souhaitons-nous communiquer ?

La technique ou le mode de communication ne sera pas le même selon la nature du guide.

Le guide de lumière, les anges et les archanges ou les êtres ascensionnés sont accessibles par un voyage vibratoire. Nos ancêtres, nos animaux totem et de pouvoir peuvent être contactés par un voyage chamanique. Pour les dragons, qui sont des êtres de la nature, il faut utiliser la télépathie. Enfin, pour les âmes défuntes de proches, le contact se fait par une communication simple sans conscience modifiée, l'écriture inspirée.

Pour un premier contact, nous allons choisir le guide de lumière.

Le premier contact

Le premier contact peut se faire :

- avec un médium ;
- en séance de relaxation profonde (hypnose, yoga nidra ou sophrologie) ;
- en séance de conscience modifiée (méditation ou voyage vibratoire),
- par la transe (danse ou tambour).

Les états de conscience modifiée provoqués par les différentes pratiques citées vont changer et surtout augmenter le taux vibratoire, ce qui va permettre de canaliser une grande partie de l'énergie du guide. Cela peut se manifester par du clair-ressenti, de la clairaudience et de la clairvoyance.

Mais le premier contact peut aussi simplement se faire en communiquant dans notre monde (c'est-à-dire sur notre plan vibratoire), comme nous pouvons le faire avec les esprits. Et je vous invite à utiliser cette technique qui est simple et rapide le plus souvent possible pour communiquer avec votre guide. Vous pouvez commencer par une technique de conscience modifiée, mais au fur et à mesure de votre apprentissage, il est plus pertinent de basculer sur une technique simple de contact afin de recevoir les messages de vos guides en toute situation et pas uniquement lorsque vous l'avez provoqué ou en méditation. Nous le savons maintenant, nos guides communiquent à tout moment, et il est primordial de pouvoir capter les informations au moment voulu.

Le premier échange

Quelques règles pour ce premier échange avec votre guide : il est impératif de vous présenter et de le remercier de sa présence. Le premier échange peut être très furtif, cela est normal. À force de vous connecter et de prendre contact avec lui, le lien va s'établir et devenir un lien de confiance. Dans l'éventualité où il est prêt à communiquer avec vous, vous pouvez lui demander son nom, son époque ou tout autre renseignement sur lui (vies antérieures, etc.)

ATTENTION : ne lui demandez pas d'effectuer une action, ou un travail à votre place (quelle décision prendre par exemple), ce n'est pas son rôle. Il vous guide mais n'agit pas à votre place.

Ne vous découragez pas, passer d'un simple bonjour à des images peut être très long et difficile. La patience, la concentration et la pratique sont nécessaires.

Conseil : développez d'abord votre complicité par l'audition, avant de passer à une visualisation (sauf si la visualisation a été accessible très vite).

Quand communiquer avec son guide ?

Quand tout sera clair dans votre tête et que vous aurez trouvé une harmonie avec vous-même. Il est possible que votre guide ne réponde pas à vos questions ou à votre sollicitation. Soyez patient, ce n'est pas encore le moment.

La confiance et la foi en votre guide sont vos premiers atouts.

Évacuez vos peurs : les guides ne sont jamais une force négative. De plus, nous l'avons abordé, les peurs bloquent le passage. Si vous souhaitez vous sécuriser, posez l'intention avant le premier échange de rencontrer « votre guide de lumière hautement vibratoire ». Ainsi, vous serez sûr de l'entité qui va se présenter. Et rassurez-vous, aucune erreur ne peut être commise si vous agissez avec le cœur.

Pour ce premier contact, je vous propose une méditation pour communiquer avec votre guide. Je n'ai pas d'autres conseils à vous donner que ceux déjà évoqués, mis à part : faites-vous confiance !

Méditation pour communiquer avec son guide

Afin de vous aider à être présent, vous pouvez préparer un autel, mais ce n'est pas forcément nécessaire. Le support, c'est vous. Cela dit, pour le premier échange, l'autel peut vous aider à poser cette intention de communication avec votre guide et à être dans le moment présent.

Allumez une bougie (blanche si possible), car les guides préfèrent la lumière. Vous pouvez mettre une image, la statuette d'un ange ou brûler un encens.

Choisissez un moment où vous avez le temps, en étant sûr que personne ne vous dérangera. L'endroit doit être isolé, et surtout purifié avant de commencer.

Attention : il y a certains endroits où les guides ne nous suivent pas, comme les cimetières, les églises, les lieux saints. Nous sommes alors proches de la source et nos guides préfèrent rester en retrait, par respect du lien direct avec la source.

Installez-vous confortablement en position assise. Commencez par vous concentrer sur votre respiration. Faites cinq respirations ventrales (inspiration par le nez en gonflant le ventre, expiration lente par la bouche en creusant le ventre).

Visualisez une spirale qui pénètre dans votre cœur et rejoint la jonction de l'âme (située entre les omoplates, juste derrière la colonne vertébrale, à l'avant de la colonne).

Inspirez profondément, expirez lentement.

À l'inspiration, la lumière grandit dans votre cœur ; à l'expiration, elle se diffuse dans toute votre poitrine. La lumière s'intensifie à chaque inspiration et expiration.

Ensuite, laissez aller naturellement votre respiration. Visualisez-vous dans un espace dénué de tout environnement. Comme si vous étiez seul dans une immense pièce vide.

Dans votre esprit, appelez votre guide. Puis présentez-vous et annoncez votre souhait de le rencontrer. Laissez le silence s'installer et soyez à l'écoute de vos ressentis, des sons ou des images.

Attendez tout en restant concentré sur votre respiration.
Si aucun message ne vient (ressenti, image ou son), reformulez votre appel. Et attendez. Si rien ne se passe, demandez dans votre esprit à votre guide de vous envoyer un signe dans les trois jours (restez attentif aux signes pendant ce laps de temps).
Et recommencez la séance le lendemain. Soyez dans la foi et la persévérance.

Les anges et les archanges

Qui sont les anges? Leur nom vient du grec *aggelos* qui signifie « messagers ». Dieu les a créés pour être ses messagers. Cette fonction de messager de Dieu est décrite dans la Bible à maintes reprises, notamment quand ils sont envoyés par Dieu pour apporter de l'aide aux mortels.

Les anges les plus élevés de la hiérarchie céleste disposent d'importants pouvoirs dans le monde de la matière. Ils agissent sur le temps, les événements, les personnes. Les anges les plus proches des mortels sont les anges de naissance et les anges gardiens. Ce sont nos guides, nos protecteurs, des anges de circonstance. Nous pouvons les appeler pour des problèmes particuliers.

Selon la hiérarchie, leur rôle peut être différent. Il existe une première hiérarchie au sein du plan angélique et une seconde au sein du ministère des princes archanges.

Le monde angélique ne correspond pas à la représentation qu'en font les mortels : un monde de lumière ou de nuages illuminés et étincelants. Il s'agit en fait d'un monde d'énergie. Il nous est presque impossible de visualiser les anges ou de les représenter, car leur énergie est si légère (c'est-à-dire d'un taux vibratoire très élevé) qu'ils sont invisibles à l'œil nu.

La hiérarchie des anges n'est pas une pyramide allant de l'ange le plus puissant au moins puissant. Cette hiérarchie est le gouvernement sacré, du divin. En effet, le mot « hiérarchie » vient du grec *hieros* qui signifie « sacré ». Comme dans tous les gouvernements, chacun au sein du plan angélique se voit attribuer un rôle bien précis selon son grade. Si nous transposions dans notre système politique actuel, nous pourrions considérer les archanges faisant partie de la troisième hiérarchie céleste comme les ministres du gouvernement divin.

Le plan angélique se répartit en neuf cœurs célestes, eux-mêmes organisés en trois hiérarchies célestes :

- Première hiérarchie
  - Les séraphins.
  - Les chérubins.
  - Les trônes.
- Deuxième hiérarchie
  - Les dominations.
  - Les vertus.
  - Les puissances.
- Troisième hiérarchie
  - Les principautés.
  - Les archanges.
  - Les anges.

La première hiérarchie

Cette première hiérarchie n'est pas accessible à l'homme et n'a aucun contact avec la matière. Son but, à travers ces trois cœurs angéliques, est de protéger le divin et de rester auprès de lui. Elle se compose des séraphins, des chérubins et des trônes.

Il se peut que certains d'entre vous ou que des personnes ayant la capacité de canalisation aient pu voir un chérubin ou un séraphin. Est-ce possible et comment l'expliquer ?

Oui, cela est possible, mais reste très rare. Les guides, anges et archanges appartiennent à un plan céleste aux vibrations très élevées, mais ils peuvent descendre afin d'entrer en contact avec nous, ou pour des raisons d'obligations divines dont nous n'avons pas connaissance. Cela permet à l'être humain de pouvoir entendre, voir ou ressentir un ange de la première hiérarchie.

Les *séraphins*, dont l'étymologie vient du mot hébreu *saraph* qui signifie « brûlant », sont au plus près de Dieu. Leurs pouvoirs sont immenses et imprégnés de la lumière divine.

Les *chérubins* sont des esprits célestes chargés de garder les astres, la Lune, le Soleil et les étoiles. Ils sont dotés d'une intelligence, d'une sagesse et d'une connaissance de la science exceptionnelles. Ils gardent le trône du divin.

Les *trônes* sont des anges qui portent le divin, de ce fait ils sont investis d'une grande responsabilité.

Les séraphins, chérubins et trônes, les trois premiers chœurs célestes, sont d'une pureté absolue, et sont les gardiens, les protecteurs et les veilleurs du Très-Haut.

La deuxième hiérarchie

Elle se nomme hiérarchie intermédiaire. En effet, les anges de cette deuxième hiérarchie font le lien entre la première et la troisième hiérarchie (qui elle est au contact des humains).

Ils n'ont pas de relation avec les humains, identiquement aux séraphins, chérubins et trônes. Ils sont très puissants, mais ne sont pas aussi proches du divin. Cette hiérarchie comporte les anges des dominations, des vertus et des puissances.

Les *dominations* ont pour rôle de transmettre et de restituer avec amour et bonté la lumière divine qu'ils ont reçue des anges de la première hiérarchie aux autres anges.

Les *vertus* transmettent aux humains, par l'intermédiaire des anges de la troisième hiérarchie, les valeurs de courage et d'action. Ils ont le pouvoir de provoquer des miracles sur Terre. Les anges qui entourent Jésus lors de son ascension sont des anges des vertus.

Les *puissances* représentent la police du monde céleste ; leur rôle est donc de faire régner l'ordre. Ils éloignent les entités négatives (ou les démons, selon nos croyances). Ils ont aussi la responsabilité de l'enseignement dans le monde angélique.

La troisième hiérarchie

Faisant le pont entre le plan angélique et le plan humain, cette troisième hiérarchie comprend les principautés, les archanges et les anges, qui remplissent la mission de messagers de Dieu.

Les *principautés* sont chargées de protéger les anges gardiens, guides des personnes physiques, et de les aider dans leur mission, la qualité de leurs conseils et leur efficacité. Mais leur principale fonction est la protection de l'enseignement sacré, l'esprit religieux, la sainteté et l'amour divin.

Les *archanges* sont les chefs des anges et les plus populaires d'entre eux. De nombreuses personnes canalisent les archanges et bénéficient de leur pouvoir et leurs messages. Selon les textes sacrés, les archanges ont été créés par Dieu, sauf deux d'entre eux qui ont été des hommes avant d'être élevés au grade d'archange : Metatron et Sandalphon. Mais selon les traditions et différents auteurs, les noms des archanges peuvent changer. La plus connue est la tradition kabbalistique qui retient 10 archanges (associés au 10 séphiroths) : Sandalphon, Metatron, Gabriel, Mickaël, Raphaël, Haniel, Kamael, Tsadkiel, Tasphkil, Raziel.

Les anges sont les intermédiaires entre le plan angélique et les humains. Afin de nous aider et de nous protéger, ils peuvent se présenter sous une apparence humaine. Les anges que nous côtoyons le plus sont les anges gardiens (ce sont nos guides de lumière ou spirituels). Chaque personne à la naissance est dotée d'un ange. Ils ont la responsabilité de notre protection contre les énergies négatives et les influences néfastes. N'hésitez pas à faire appel à votre guide ou ange, vous êtes assuré de son soutien et de sa présence.

La mission des anges auprès de nous consiste à nous protéger de toute agression contre notre intégrité physique, de la maladie et des énergies négatives. Ils nous apportent amour et bienveillance dans les moments difficiles, nous donnent des enseignements, nous conseillent dans les moments délicats de la vie. Ils sont chargés de transmettre nos messages au divin.

L'ange que nous retrouvons le plus souvent dans les récits est l'archange Mickaël. Selon certains écrits, il a conduit les âmes d'Adam et

Ève devant Dieu, ainsi que l'âme de la Vierge Marie vers l'Éternel (son ascension).

Les archanges sont les anges les plus connus et les plus sollicités. Cela peut se comprendre car leurs pouvoirs et leurs vertus sont puissants et si divins. Nous pouvons les appeler quand nous le souhaitons, ils sont le lien entre le monde divin et le monde terrestre, leur rôle est d'être des guides pour les êtres terrestres. Chaque archange détient un rôle qui lui est propre afin de nous soutenir sur notre chemin de vie.

Pour vous aider à vous connecter à leur énergie et faire vos demandes particulières, je vous propose des fiches présentant six archanges, leur rôle et une invocation divine : Metatron, Sandalphon, Mickaël, Gabriel, Raphaël et Uriel.

Comment contacter les archanges ?

Je vous propose trois techniques pour contacter un archange.

- Par écrit : cela est simple, vous rédigez votre demande sur une feuille en utilisant les informations de la fiche correspondant à l'archange que vous avez choisi d'invoquer. Si vous optez pour cette technique, faites-la en conscience. Préparez un autel pour le prince archange, placez une offrande à côté, allumez une bougie ; cet instant doit être sacré. Écrivez votre demande à l'encre noire (évitez les encres de couleur) sur une feuille blanche (sans dessin ou écriture, etc.). Puis brûlez-la pour l'envoyer à l'Univers.
- Par la méditation : comme pour la technique précédente, préparez-vous à cet instant. Ensuite, installez-vous confortablement, entrez en état méditatif par les respirations et invoquez dans votre esprit l'archange que vous avez choisi. Puis faites votre demande. Si vous allumez une bougie, choisissez-la de la couleur du rayon de l'archange invoqué.
- Par le clair-ressenti : cette technique est sensiblement différente de la méditation. D'une part, vous êtes conscient et, d'autre part, elle permet de développer votre clair-ressenti.

Technique de contact d'un archange par clair-ressenti

Comme nous l'avons vu précédemment, le clair-ressenti se caractérise par le fait de ressentir des présences. Il peut s'agir d'âmes défuntes, d'esprits de la nature, etc. Nous pouvons aussi ressentir la présence de notre ange gardien (ou guide), par une odeur, un frisson, une caresse sur la peau. La venue d'un ange est un moment unique et intense, et surtout un moment privilégié qui nous est accordé. De ce fait, il doit être préalablement organisé.

Pratiquez cette technique à un moment où vous êtes disponible et tranquille.

Choisissez un endroit calme et paisible. Asseyez-vous confortablement (éviter les genoux pliés contre la poitrine par exemple). Placez vos mains sur les genoux, les paumes vers le ciel. Fermez les yeux et faites plusieurs respirations ventrales afin de vous relaxer. Après quelques instants, vous allez ressentir des fourmillements ou une sensation particulière dans les mains, comme s'il y avait une matière au creux de votre paume.

Imaginez entrer dans un cocon de lumière blanche, et sentez cette légèreté qui vous enveloppe. Soyez attentif à vos sensations : un souffle d'air, une caresse ou le froissement d'une aile. Un ange est près de vous.

Adressez-lui votre requête, exprimez vos désirs ou demandez-lui de l'aide.

L'archange Sandalphon

L'archange Sandalphon est le frère jumeau de l'archange Metatron. Le nom Sandalphon vient de l'étymologie grecque signifiant « frère ». Il a accédé au royaume des archanges grâce à une vie spirituelle exceptionnelle. Il a un rôle très important : il transmet les prières à Dieu afin qu'elles soient exaucées et s'assure que toutes les demandes et prières sont reçues, même si leurs réponses peuvent parfois prendre des formes inattendues.

Les messages de l'archange Sandalphon sont très subtils. Si vous n'y prêtez pas attention, ils peuvent passer

inaperçus, alors soyez à l'écoute des sons, de la musique ou des paroles qui pourraient surgir dans votre esprit.
Particulièrement après votre prière pour cet archange, prenez quelques minutes pour entendre la réponse.
Trouvez-vous un endroit dans la nature et installez-vous confortablement : allongé dans l'herbe, dans la forêt, assis au pied d'un arbre, ou face à la mer ou un lac...
Fermez les yeux et respirez l'énergie qui vous entoure, respirez l'esprit de la nature.
À voix haute ou dans votre tête, appelez trois fois Sandalphon :
« Dans l'amour et la lumière, je t'appelle divin archange Sandalphon.
Toi, l'énergie reliée à la Terre mère, notre mère nourricière,
Toi, l'énergie des quatre éléments, la terre, le feu, l'air et l'eau,
Toi, l'énergie reliée au royaume de la nature et des animaux,
Je te demande [dites votre prière ou formulez votre demande]. »
Si vous manquez d'ancrage, que vous avez besoin de stabilité et de sécurité dans votre vie ou dans un domaine précis, que vous souhaitez guérir vos blessures d'âme comme l'abandon ou le rejet, faites appel à Sandalphon.
Il soutient les personnes en manque d'amour de soi. Il est aussi le gardien des animaux sur Terre et peut vous guider pour un soin animalier ou pour retrouver un animal perdu.
Remerciez le prince archange Sandalphon, et soyez reconnaissant en faisant une offrande à la nature ou en prenant soin d'un animal, ou engagez une action comme ramasser les déchets dans un lieu naturel afin de montrer tout l'amour et la lumière qui vit en vous.
Que la lumière de l'archange Sandalphon vous guide sur votre chemin.

L'archange Uriel

« Lumière de Dieu », telle est la signification du nom « Uriel », l'archange au rayon rubis doré (ou rouge or). Il est surnommé « l'éclaireur » car il est le messager de Dieu. Il détient la connaissance et la sagesse.

Il est relié au plexus solaire et au rayonnement de notre soleil intérieur. Il transmet les messages à Dieu, et il est l'archange à appeler pour éveiller ou transmettre l'amour, la paix intérieure et la bienveillance. Il agit sur la mauvaise gestion des émotions dans un objectif d'équilibre et d'harmonie.

De son rayon jaune, il éclaire notre esprit lorsque tout est obscur, quand notre situation est trouble et confuse, et que nous n'arrivons plus à y voir clair. Dans les situations de doute et d'incertitude, il nous apporte sagesse et connaissance afin de mettre en lumière le chemin.

Au moment du lever du soleil, asseyez-vous face à lui, si vous le pouvez, ou face au sud dans la pièce ou l'endroit où vous avez choisi de vous installer.

Imaginez, au-dessus de vous, un rayon jaune doré qui descend sur vous. Laissez ce rayon entrer dans la pièce, et inonder l'espace autour de vous.

Respirez profondément et laissez cette lumière pénétrer à l'intérieur de votre poitrine, puis s'intensifier dans votre corps à chaque expiration.

Visualisez dans votre esprit le nom d'Uriel, en lettres dorées dans cet espace de lumière, et voyez apparaître un ange lumineux.

« Ô divin archange de lumière de Dieu, Uriel,
Éclaire mon chemin de ton rayon rubis doré
Ô divin archange de lumière de Dieu, Uriel,
Illumine mon esprit de ta sagesse,
Ô divin archange de lumière de Dieu, Uriel,
J'ai besoin de toi,
[faites votre demande]. »

Remerciez l'archange Uriel de son aide et de sa présence ici et maintenant.

Allumez une bougie en priant pour la sagesse, la bienveillance et la paix dans tous les cœurs de l'Univers par la lumière de Dieu de l'archange Uriel. Laissez cette bougie se consumer toute la journée.
Que cette lumière vous inonde de paix et de sagesse.

L'archange Raphaël

Raphaël signifie « Dieu guérit ». Nommé aussi « archange du Soleil », il est le cinquième rayon, rayon de la vérité, de la guérison et de la science. Son rayon est vert émeraude.
Il est très connu dans la milice angélique pour sa capacité de guérison, qu'il apporte aux humains et aux animaux. Il aide à ouvrir le troisième œil, et réoriente dans le cœur vers la vérité. Raphaël est le médecin du ciel.
Il est le patron des guérisseurs, de tous les guérisseurs, qu'ils soient médecins traditionnels, holistiques ou chamans.
Vous pouvez faire appel à lui pour vous guider ou vous accompagner lors d'un soin, ou encore pour lui demander de vous prodiguer un soin.
Pour invoquer Raphaël, munissez-vous d'une bougie neuvaine de couleur verte (bougie dont la durée est de neuf jours, et qui doit rester allumée tout ce temps). Si vous ne pouvez pas vous en procurer, prenez une petite bougie.
Asseyez-vous confortablement. Allumez votre bougie, mains jointes sur le cœur.
Visualisez une lumière verte au centre de votre cœur. Sentez cette lumière s'intensifier dans votre poitrine. Laissez-la envahir tout votre être.
De ce rayon, imaginez un ange qui vous sourit et, à haute voix ou dans votre tête, prononcez votre prière :
« Divin archange Raphaël, archange du Soleil au rayon vert émeraude,
Je te suis reconnaissant de ta présence et de tout ce que m'apporte la vie, que j'accueille le cœur ouvert.
Divin archange Raphaël, archange du Soleil au rayon vert émeraude,

Entends ma demande,
Toi, guérisseur angélique,
Illumine ma conscience,
Transmets-moi, divin, tes hauts pouvoirs de guérison, pour me guérir en ton nom, de [faites votre demande]. »

Avant de le remercier, montrez votre gratitude en ajoutant ces lignes pour le bien-être de l'humanité :

« Divin archange Raphaël, archange du Soleil au rayon vert émeraude,
Illumine toutes les consciences de l'Univers,
Transmets à tous, divin, tes hauts pouvoirs de guérison,
Pour guérir, en ton nom, tous ceux qui souffrent,
Afin que nous soyons tous comme des petits soleils porteurs de vie et de santé. »

Remerciez Raphaël :

« Je te remercie prince archange Raphaël, pour ton aide, car tu es en moi la voix qui annonce la défaite du pouvoir des ténèbres et la victoire de la lumière. »

Restez quelques minutes inondé de ce rayon vert émeraude, et doucement ramenez-le au centre de votre cœur.

Si vous avez allumé une neuvaine, laissez-la se consumer et chaque jour, pendant neuf jours, récitez votre prière. Si vous avez allumé une petite bougie, rallumez-en une pendant neuf jours, et récitez votre prière.

Soyez un petit soleil porteur de vie et de santé.

L'archange Gabriel

Gabriel, qui signifie « Dieu est ma force » ou « la puissance de Dieu », est le quatrième rayon. Sa couleur est le blanc de la pureté, de l'équilibre et de l'harmonie.
Son aura : le cuivre.
Sa pierre : la citrine (ou le métal cuivre). Il gère les naissances (des âmes et des humains), la résurrection, la vérité et la communication (liées au chakra de la gorge).
Il est le patron des artisans et des artistes, n'hésitez pas à l'appeler pour vous accompagner dans votre créativité et votre activité professionnelle (que ce soit au niveau humain, matériel ou financier). Si vous êtes en attente d'un futur enfant, vous pouvez aussi faire appel à lui.
Pour faire une demande à l'archange Gabriel, rien de compliqué. Accordez-vous un moment pour vous et au calme. Vous pouvez allumer une bougie mais ce n'est pas obligatoire.
Asseyez-vous, fermez les yeux et prenez le temps de vous connecter à votre intérieur profond. Respirez doucement et visualisez l'archange, comme votre âme le voit...
Laissez-vous porter par cette image et faites votre demande : « Archange Gabriel, je demande [...]. » Utilisez toujours une formule positive et surtout remerciez-le avec gratitude pour son aide.
Soyez honnête et reconnaissant.
Je vous souhaite une lumineuse invocation.

L'archange Mickaël

Mickaël est l'un des archanges les plus connus et aimés de la milice des archanges. Son nom signifie « celui qui ressemble à Dieu ». Il donne du courage et de la protection à ceux qui œuvrent pour le bien commun, il est le protecteur des carrières et des réalisations. Il est le prince archange de la purification, quel que soit l'esprit du mal.

Il est le chef des armées célestes, mais c'est en tant que protecteur qu'il est le plus connu. Son rôle est de débarrasser la Terre et les humains de tout sentiment de peur, de manque, et des énergies négatives. Équipé de son épée, il coupe les liens toxiques entre les humains, mais aussi toute énergie négative dressée contre eux, ou les situations polluantes qui les entourent. Vous pouvez faire appel à lui si vous êtes confronté à ces problématiques.

Pour bénéficier de l'aide de l'archange Mickaël, qui agit principalement pendant notre sommeil, accordez-lui quelques minutes le soir, avant de vous endormir. Visualisez-le, et faites votre demande.

Demandez-lui d'entrer dans vos rêves et de chasser les peurs qui vous empêchent de profiter pleinement de vos dons spirituels et de vos qualités et ainsi d'accomplir votre mission de vie.

Vous pouvez solliciter son aide, notamment pour vous protéger lorsque la vie vous apporte un changement : nouveau logement ou nouvel environnement, nouveau travail, etc.

Remerciez-le de sa protection et de son aide à détruire ce qui est transitoire ou négatif pour laisser place à la lumière.

Soyez attentif à votre rêve ou aux signes les jours suivants, vous y trouverez sûrement un message ou un changement significatif.

Beau rêve rempli de rayon bleu !

L'archange Metatron

Lié au chakra couronne, Metatron est le prince archange de l'énergie de l'Univers. Son nom signifie « celui qui occupe le trône au côté de celui de Dieu ». Il est considéré comme le chef des archanges, son énergie est puissante et focale.
Dans la milice des archanges, deux archanges sont différents : Metatron et son frère Sandalphon. Comme vous le remarquez, leurs noms ne finissent pas par « el » (ce qui signifie « Dieu » dans le langage universel), contrairement aux autres archanges. Les archanges sont la création de Dieu. Cette différence vient du fait que Metatron et Sandalphon ont vécu un (voire plusieurs) cycle(s) d'incarnation (donc incarnation et réincarnation sur plusieurs vies), ce sont des entités. Cet aspect comporte un avantage pour nous : Sandalphon et Metatron comprennent les humains et leurs besoins.
Metatron est nommé le « grand architecte qui au commencement "géométrisa" l'Univers ». Les formes géométriques sacrées représentent les hauts pouvoirs de Metatron. Nous pouvons utiliser ces formes géométriques pour nous connecter, guérir ou acquérir de nouvelles connaissances divines. Metatron est un soutien exceptionnel pour ceux qui cheminent spirituellement.
N'hésitez pas à l'appeler pour débloquer vos résistances relatives à l'abondance financière, ou lorsque vous avez besoin de davantage d'argent. Mais aussi pour recevoir des enseignements nécessaires à votre évolution et votre ascension sur votre chemin de vie spirituel.
Pour faire appel à l'archange Metatron, choisissez un moment calme et un endroit silencieux. Trouvez une position confortable, allumez une bougie et un encens méditatif. La tourmaline est la pierre de Metatron, il est conseillé d'en avoir une lors de votre prière.
Imaginez l'immensité de l'Univers, visualisez l'archange Metatron, et faites votre demande :
« Je t'invoque, archange Metatron, prince des énergies de l'Univers,

Éclaire-moi de ta divine lumière cosmique,
Confère-moi [faites votre demande],
Grâce aux formes géométriques sacrées que tu peux inscrire à l'intérieur de mon être, si je le mérite. »

Remerciez-le de son aide, et soyez reconnaissant en faisant un acte de bonté le jour de l'invocation.

Que la lumière spirituelle de Metatron vous guide dans votre cheminement.

Chapitre 7

Les petits plus du médium

Comment préparer un autel ?

Les autels honorent les énergies sacrées et divines que nous invoquons. C'est une manière de les remercier et de leur rendre hommage. Créer un autel est un acte personnel.

Cette partie est une invitation à la création. Vous pouvez modifier et adapter les idées proposées selon vos envies, vos aspirations et vos rituels.

Avant la préparation de votre autel, il faut trouver son emplacement. Choisissez un endroit que vous aimez et qui est visible pour vous, afin de vous imprégner de ces énergies divines et de profiter du sacré du lieu.

Quelques idées pour un autel

- Une image, un objet ou un symbole représentatif de l'énergie invoquée. Exemple : une rose rouge pour Marie-Madeleine ou la statue d'un ange pour un archange. Pour un défunt, une photographie est pertinente.

- Une bougie. Adaptez la couleur à l'énergie que vous souhaitez contacter. Vous trouverez de nombreuses indications dans ce livre. Si vous hésitez, choisissez une bougie blanche, qui représente la pureté, la neutralité et le divin.
- Une offrande : un fruit, un gâteau, une infusion, une fleur, un dessin, du chocolat, un bijou fait main, etc., peu importe tant que cela est offert ou fait avec le cœur. Si l'offrande est un aliment, laissez-le sur l'autel au moins 24 à 48 heures, ensuite vous pouvez le manger si vous le souhaitez. Si c'est un fruit ou un légume, mettez-le au pied d'un arbre en offrande à la Terre.

Vous pouvez également installer des fleurs, des perles, des objets symboliques ou des images liés à l'énergie.

Par exemple, si vous souhaitez invoquer l'archange Mickaël pour vous ouvrir à davantage d'abondance financière, vous pouvez placer sur l'autel des billets ou des pièces de monnaie. Cela peut être aussi des fruits et des légumes.

Ce ne sont que des idées, à vous de laisser parler votre créativité.

Les techniques de respiration

Ces pratiques de purification, ou respirations de purification, sont très fortes. Il est important de se concentrer sur chaque respiration pour en avoir les pleins effets, et d'être à l'écoute des ressentis de son corps et de son âme. Elles sont utiles pour calmer son mental et entrer plus facilement en état méditatif.

La respiration abdominale

Si vous êtes novice, il est conseillé de commencer à apprendre cette respiration en étant étendu sur le sol.

Installez-vous : allongé, les jambes sensiblement écartées entre 50 centimètres et 1 mètre, les bras positionnés le long du corps, les paumes des mains vers le ciel, et le menton légèrement rentré vers le sternum pour libérer la nuque.

Placez votre concentration ou votre conscience au niveau du ventre et de toute la partie de votre corps située entre votre plexus et les organes génitaux.

Inspirez en gonflant votre ventre et visualisez un ballon qui se gonfle à son maximum dans votre ventre. Puis bloquez votre respiration pendant cinq secondes. Afin de mieux ressentir le mouvement de l'inspiration, vous pouvez positionner vos mains sur votre abdomen.

Expirez tout doucement sur huit temps (ou huit secondes), en visualisant le ballon qui se dégonfle lentement.

Faites cinq répétitions.

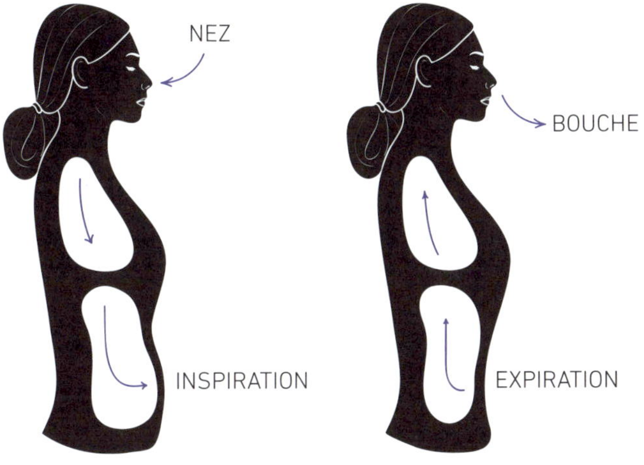

La respiration complète

Inspirez en gonflant le ventre, puis en faisant remonter l'air jusque dans la poitrine et la cage thoracique, qui s'ouvre au maximum.

Bloquez votre respiration pendant cinq secondes, puis expirez doucement sur huit temps, en vidant d'abord votre cage thoracique puis votre abdomen.

Purifier son lieu par les plantes et les encens

Voici quelques techniques de purification de vos lieux de vie. Précision : choisissez une seule technique.

- **Le romarin :** brûler un bâton de romarin séché purifie les lieux ; vous pouvez aussi le consommer en infusion en posant l'intention de vous purifier.
- **La sauge blanche :** identiquement au romarin, la sauge blanche purifie les lieux et peut se boire en infusion. Elle a la particularité d'ouvrir nos sens extrasensoriels si nous la respirons, et conduit à des états de libération et de guérison en fumigation (attention de bien maîtriser ce procédé pour y recourir).
- **L'ortie :** l'ortie possède également des vertus purificatrices. Attention, il y a une technique bien précise pour cueillir ses feuilles sans se piquer. Ensuite faites-les sécher, et brûlez-les dans un petit récipient.
- **Le laurier :** cette plante n'est pas purificatrice mais protectrice. Elle a le pouvoir de chasser les mauvais esprits, briser les nœuds, éloigner le mauvais œil et s'en nettoyer. Vous pouvez l'utiliser lors de rituels, dans une petite pochette sur vous (après lui avoir insufflé une énergie), afin de vous protéger de toute mauvaise intention.
- **L'encens de Marie qui défait les nœuds :** comme son nom l'indique, cet encens va purifier votre lieu mais il peut être aussi utilisé pour vous, afin de vous libérer des nœuds qui ont pu vous être envoyés consciemment ou inconsciemment. Les nœuds peuvent être de mauvaises pensées à votre égard (jalousie, vengeance, etc.), ou des rituels pour vous bloquer dans votre vie.
- **Le camphre :** le camphre est un laurier originaire d'Asie orientale et d'Océanie. Ses feuilles sont rouges ou vert foncé. Il se présente sous forme d'encens ou d'éclat de poudre. Attention, le camphre étant très fort, son utilisation doit se faire avec modération et en petites doses à chaque fois. À brûler impérativement LA FENÊTRE OUVERTE (identiquement pour la sauge mais, pour cette dernière, cela est moins important). Il confère des qualités de clairvoyance et débarrasse des ondes négatives.
- **L'encens pontifical :** l'encens pontifical est un ensemble de résines issu d'une recette traditionnelle. Il est connu pour être utilisé dans

les rituels chrétiens. Il se compose d'oliban, de myrrhe et de benjoin (aussi nommé « storax »). Il s'utilise avec du charbon. Il est recommandé pour la paix, l'harmonie ou pour purifier un lieu (plutôt les grandes pièces).

- **Laver vos sols** (de toute la maison ou de l'appartement) avec de l'eau, du sel et de la lavande. Un verre de 15 centilitres de sel pour 3 litres d'eau. La lavande peut être fraîche ou en huile essentielle. Si elle est fraîche : une petite poignée. Si elle est en huile essentielle : 10 gouttes pour 3 litres d'eau.

Conclusion

Pour conclure cet ouvrage, j'aimerais vous glisser quelques mots d'encouragement et quelques conseils.

Cet ouvrage a été écrit dans le but de vous apporter des clés, des outils et un mode d'emploi. Il vous appartient maintenant de vous impliquer et d'en faire une divine utilisation. Le résultat tiendra de cette implication, du temps que vous accorderez à votre évolution, de la conscience que vous placerez dans vos actions et vos pensées.

Cependant, n'oubliez pas de vous amuser. La vie est un grand jeu, une grande pièce de théâtre, et vous avez le rôle principal. Ce livre se veut également ludique afin de rendre cette évolution plaisante et joyeuse, et afin que vous ne vous mettiez pas trop de pression pour obtenir un résultat. Vous êtes face à vous-même, personne ne vous jugera, ne vous notera, alors prenez du plaisir, autant que j'en ai pris à construire et à écrire cet ouvrage.

Dernier conseil: soyez persévérant. Ce n'est pas parce que cela ne fonctionne pas dès la première fois que ce n'est pas là votre voie ou que vous n'en êtes pas capable. Certaines choses demandent du temps, ce dernier est votre allié. Il est important que le corps, l'âme et l'esprit intègrent les processus, et que cela se manifeste dans la matière.

Il n'y a pas de rythme précis pour exécuter les exercices, ni de notion de temps pour développer vos capacités. Chacun doit marcher à son rythme, selon ses besoins et ses ressentis. Chaque pas que vous faites est un pas de géant, car il vous mène là où vous devez être.

Rappelez-vous à chaque instant où vous avez envie d'abandonner que vous êtes un être de lumière incarné dans la matière et un être de possibilités infinies. Si vous ne croyez pas en vous, moi, je crois en vous !

Sonia

Table des matières

De la même auteure

Achevé d'imprimer
en Espagne par Graphycems
Dépôt légal : janvier 2023

Cet ouvrage est imprimé sur de l'offset 90 g.

MIXTE
Papier issu de
sources responsables
FSC® C007507